दो चट्टानें

दो चट्टानें

हरिवंशराय 'बच्चन'

ISBN : 9788170287995

संस्करण : 2014 © हरिवंशराय 'बच्चन'

DO CHATTANE (Poetry) by Harivanshrai 'Bachchan'

राजपाल एण्ड सन्ज़

1590, मदरसा रोड, कश्मीरी गेट-दिल्ली-110006
फोनः 011-23869812, 23865483, फैक्सः 011-23867791
e-mail : sales@rajpalpublishing.com
www.rajpalpublishing.com
www.facebook.com/rajpalandsons

स्वर्गीय गजानन माधव मुक्तिबोध की
स्मृति में
तथा
वीरेन्द्रकुमार जैन
भवानी प्रसाद मिश्र
शिवमंगल सिंह 'सुमन'
और गिरिजाकुमार माथुर को
जिन्होंने छायावादोत्तर, हिन्दी काव्य को
मार्मिक अनुभूति की नई बिंबयोजना, अछूती कल्पना की नई
जिज्ञासा-आस्था, प्रवाहपूर्ण भाषा का नया प्रसाद, प्रगतिशील सामाजिकता का
नया ओज और विज्ञान-युग का नया भाव-बोध प्रदान किया।

जितना आगे उदित हुआ है जो जन हम में,
उतना आगे चला गया वह जीवन-क्रम में॥

'नकुल'–सियारामशरण गुप्त

अपने पाठकों से
(पहला संस्करण)

आज अपनी कविताओं का एक नया संग्रह आपके हाथों में रख रहा हूँ। ये कविताएँ प्रायः पिछले तीन वर्षो में लिखी गई हैं। सामयिक स्थिति और मेरी मनःस्थिति का प्रतिबिम्ब इन पर पड़ना स्वाभाविक था। इसका अनुभव आपको स्वयं होगा।

इसका नाम पहले मैं 'सिसिफ़स बरक्स हनुमान' रखना चाहता था। इसकी अन्तिम और आकार में सबसे बड़ी कविता का शीर्षक भी यही था। ऐसे आधार पर प्रायः नामकरण हुए हैं। शुरू-शुरू में जिन्होंने नाम सुना उनमें से बहुतों ने मुँह फुला लिए–हनुमान तो हनुमान, यह सिसिफ़स क्या बला है! अपरिचित के प्रति आकर्षण भी हो सकता है, अवज्ञा भी। अवज्ञा अपने पाठकों की किसी लेखक को सहन नहीं; पाठकों को चौंकाकर आकर्षित करने की बात मुझे शिष्ट नहीं लगी। मैंने इसका नाम 'दो चट्टानें' रख दिया; यह सहज ही सिसिफ़स बरक्स हनुमान का मूल शीर्षक हो सकता था। संग्रह में 'दो' से जुड़ी कई कविताएँ हैं–'दो फूल', 'दो रातें' 'दो युगों में', 'दो बजनिए'। इस प्रकार 'दो' के बहुमत के कारण संग्रह के नाम के साथ 'दो' का जोड़ उचित ही समझा जाएगा–अस्तु 'दो चट्टानें'। 'दो चट्टानें' अथवा 'सिसिफ़स बरक्स हनुमान' के साथ एक प्रवेशिका लगा दी गई है।

कविवर अजितकुमार को मैंने संग्रह के नाम परिवर्तन के विषय में बताया तो उन्होंने इस पर अपना सन्तोष प्रकट किया, चलिए आपके काव्य संग्रह के नामों में 'दो' की कमी थी, वह भी पूरी हो गई–'एकान्त-संगीत,' 'त्रिभंगिमा', 'चार खेमे' थे, अब 'दो चट्टानें' भी आ गई। पता नहीं आपको भी कुछ इस प्रकार

का सन्तोष होगा कि नहीं। बहरहाल, शृंखला पूरी हो गई है तो आकस्मिक है, मैंने इस ध्येय से नामकरण नहीं किया।

कविताओं के विषय में आपकी प्रतिक्रिया जानना चाहूँगा।

—बच्चन

13, विलिंगडन क्रिसेन्ट,
नई दिल्ली-11
मार्च, 1965

तीसरा संस्करण

मुझे इस बात की बड़ी प्रसन्नता है कि 'दो चट्टानें' का नया संस्करण होने जा रहा है।

यह पिछले संस्करण का पुनर्मुद्रण मात्र है।
कविताओं के विषय में कुछ नहीं कहना है।

पुस्तक को एक औपचारिक मान्यता—साहित्य अकादमी पुरस्कार के रूप में—मिल चुकी है, गोया मेरी दृष्टि में वास्तविक मान्यता पाठक-प्रदत्त होती है। जैसे इसके पुराने पाठकों को इसके द्वारा कविता से प्रत्याशित कुछ मिला है, वैसे ही आपको भी प्राप्त हो।

—बच्चन

'सोपान'
बी-8, गुलमोहर पार्क
नई दिल्ली-49
अगस्त, 1984

क्रम

सूर समर करनी करहिं

सर्वथा ही
यह उचित है
औ' हमारी काल-सिद्ध, प्रसिद्ध
चिर-वीरप्रसविनी,
स्वाभिमानी भूमि से
सर्वदा प्रत्याशित यही है,
जब हमें कोई चुनौती दे,
हमें कोई प्रचारे,
तब कड़क
हिमशृंग से आसिंधु
यह उठ पड़े,
हुन्कारे—
कि धरती कँपे,
अम्बर में दिखाई दें दरारें।

शब्द ही के
बीच में दिन-रात बसता हुआ
उनकी शक्ति से, सामर्थ्य से—
अक्षर—
अपरिचित मैं नहीं हूँ।
किन्तु, सुन लो,

शब्द की भी,
जिस तरह संसार में हर एक की,
कमज़ोरियाँ, मजबूरियाँ हैं—
शब्द सबलों की
सफल तलवार हैं तो
शब्द निर्बलों की
पुंसक ढाल भी हैं।
साथ ही यह भी समझ लो,
जीभ को जब-जब
भुजा का एवज़ी माना गया है,
कण्ठ से गाया गया है

और ऐसा अजदहा जब सामने हो
कान ही जिसके न हों तो
गीत गाना—
हो भले ही वीर रस का वह तराना—
गरजना, नारा लगाना,
शक्ति अपनी क्षीण करना,
दम घटाना।
बड़ी मोटी खाल से
उसकी सकल काया ढकी है।
सिर्फ भाषा एक
जो वह समझता है
सबल हाथों की
करारी चोट की है।

ओ हमारे
वज्र-दुर्दम देश के,
विक्षुब्ध-क्रोधातुर
जवानो!

किटकिटाकर
आज अपने वज्र के-से
दाँत भींचो,
खड़े हो,
आगे बढ़ो;
ऊपर चढ़ो,
बे-कण्ठ खोले।
बोलना हो तो
तुम्हारे हाथ की दी चोट बोले!

बहुरि बंदि खलगन सति भाएँ...

खलों की (अ) स्तुति
हमारे पूर्वजन करते रहे हैं,
और मुझको आज लगता,
ठीक ही करते रहे हैं;
क्योंकि खल,
अपनी तरफ से करे खलता,
रहे टेढ़ी,
छल भरी,
विश्वासघाती चाल चलता,
सभ्यता के मूल्य,
मर्यादा,
नियम को
क्रूर पाँवों से कुचलता;
वह विपक्षी को सदा आगाह करता,
चेतना उसकी जगाता,

नींद, तंद्रा, भ्रम भगाता,
शत्रु अपना खड़ा करता,
और वह तगड़ा-कड़ा यदि पड़ा
तो तैयार अपनी मौत की भी राह करता।

आज मेरे देश की
गिरि-शृंग उन्नत,
हिम-समुज्ज्वल,
तपःपावन भूमि पर
जो अज़दहा
आकर खड़ा है,
वंदना उसकी
बड़े सद्भाव से मैं कर रहा हूँ;
क्योंकि अपने आप में जो हो,
हमारे लिए तो वह
ऐतिहासिक,
मार्मिक संकेत है,
चेतावनी है।
और उसने
कम नहीं चेतना
मेरे देश की छेड़ी, जगाई।
पंचशीली पँचतही ओढ़े रज़ाई,
आत्मतोषी डास तोषक,
सब्ज़बागी, स्वप्नदर्शी
योजना का गुलगुला तकिया लगाकर,
चिर-पुरातन मान्यताओं को
कलेजे से सटाए,
देश मेरा सो रहा था,
बेखबर उससे कि जो
उसके सिरहाने हो रहा था।

दो चट्टानें

तोप के स्वर में गरजकर,
प्रध्वनित कर घाटियों का
स्तब्ध अंतर,
नींद आसुर अजदहे ने तोड़ दी,
तंद्रा भगा दी।
देश मेरा उठ पड़ा है,
स्वप्न झूठा पलक-पुतली से झड़ा है,
आँख फाड़े घूरता है
घृण्य, नग्न यथार्थ को
जो सामने आकर खड़ा है।
प्रांत, भाषा, धर्म अर्थ-स्वार्थ का
जो वात रोग लगा हुआ था—
अंग जिससे अंग से बिलगा हुआ था...
एक उसका है लगा धक्का
कि वह गायब हुआ-सा लग रहा है,
हो रहा है प्रकट
मेरे देश का अब रूप सच्चा!

अज़दहे, हम किस क़दर तुझको सराहें,
दाहिना ही सिद्ध तू हमको हुआ रै
गो कि चलता रहा बाएँ।

उघरहिं अन्त न होइ निबाहू

अगर दुश्मन
खींच कर तलवार
करता वार,

उससे नित्य प्रत्याशित यही है,
चाहिए इसके लिए तैयार रहना;
यदि अपरिचित-अजनबी
कर खड्ग ले
आगे खड़ा हो जाए,
अचरज बड़ा होगा,
कठिन होगा नहीं उससे सँभलना;
किन्तु युग-युग मीत अपना,
जो कि भाई की दुहाई दे
दिशाएँ हो गुँजाता,
शीलवान जहान भर को हो जनाता,
पीठ में सहसा छुरा यदि भोंकता,
परिताप से, विक्षोभ से, आक्रोश से,
आत्मा तड़पती,
नीति धुनती शीश,

छाती पीट मर्यादा बिलखती,
विश्वमानस के लिए संभव न होता
इस तरह का पाशविक आघात सहना;
शाप इससे भी बड़ा है शत्रु का प्रच्छन्न रहना।

यह नहीं आघात, रावण का उघरना;
राम-रावण की कथा की
आज पुनरावृत्ति हुई है।
हो दशानन कलियुगी,
त्रेतायुगी,
छल-छद्म ही आधार उसके—
बने भाई या भिखारी,
जिस किसी भी रूप में मारीच को ले साथ आए,
कई उस मक्कार के हैं रूप दुनिया ने बनाए।
आज रावण दक्षिणापथ नहीं,

उत्तर से उत्तर
हर ले गया है,
नहीं सीता, किन्तु शीता—
शीत हिममण्डित
शिखर की रेख-माला से
सुरक्षित, शान्त, निर्मल घाटियों को,
स्तब्ध करके,
दग्ध करके,
उन्हें अपनी दानवी
गुरु गर्जना की बिजलियों से।
और इस सीता-हरण में,
नहीं केवल एक,
समरोन्मुख सहस्रों लौह-काय जटायु,
घायल-मरे,
अपने शौर्य-शोणित की कहानी
श्वेत हिमगिरि की
शिलाओं पर अमिट
लिखते गए हैं।

इसलिए फिर आज
सूरज-चाँद,
पृथ्वी, पवन को, आकाश को
साखी बनाकर
तुम करो
संक्षिप्त
पर गम्भीर, दृढ़
भीष्म-प्रतिज्ञा,
देश जन-गण-मन समाए राम!—
अक्षत आन,
अक्षत प्राण,

अक्षत काय,
''जो मैं राम तो कुल सहित कहिहि दसानन आय!''

विभाजितों के प्रति

दग्ध होना ही
अगर इस आग में है,
व्यर्थ है डर,
पाँव पीछे को हटाना,
व्यर्थ बावेला मचाना।

पूछ अपने आप से
उत्तर मुझे दो,
अग्नियुत हो?
अग्निहत हो?

आग आलिंगन करे
यदि आग को
किसलिए झिझके?
चाहिए उसको भुजा भर
और भभके!

और अग्नि
निरग्नि को यदि
अंग से अपने लगाती
और सुलगाती, जलाती,
और अपना-सा बनाती,

तो कहीं सौभाग्य रेखा जगमगाई—
आग जाकर लौट आई।
किन्तु शायद तुम कहोगे
आग आधे,
और आधे भाग पानी।
तुम विभाजन की, द्विधा की,
डरी अपने आप से,
ठहरी हुई-सी हो कहानी।
आग से ही नहीं
पानी से डरोगे,
दूर भागोगे,
करोगे दीन क्रन्दन,
पूर्व मरने के
हज़ार बार मरोगे।

क्योंकि जीना और मरना
एकता ही जानती है,
वह विभाजन-सन्तुलन का
भेद भी पहचानती है।

26-1-'63

वे झंडों से सजी राजधानी के अन्दर
बैण्ड बजाकर बतलाते हैं—
ये सेना के नौजवान हैं
जो दुश्मन के मुकाबले में
नहीं टिक सके—

ये बन्दूकें, जिनके घोड़े
अरि की बन्दूकों की गोली की वर्षा में
नहीं दब सके;
ये ट्रक-टैंक, चढ़ाई पाकर
काँख-काँखकर बैठ गए जो;
औ' ये तोपें, जो मुँह बाए खड़ी रह गईं,
शत्रु सैकड़ों मील देश की
सीमा के अन्दर घुस आया;
और अन्त में ये जहाज़ हैं।
ऊपर के साखी
नीचे के सैन्य-व्यूह-विघटन-मर्दन के!
और हार की
धरती में धँस जानेवाली लाज भुलाए
एक बेहया, बेग़ैरत, बेशर्म जाति के
लाखों मर्द, औरतें, बच्चे
रंग-बिरंगी पोशाकों में
राजमार्ग पर भीड़ लगाकर,
उन्हें देखकर शोर मचाकर,
अपनी खुशियाँ ज़ाहिर करते!
शब्द हमारे आहें भरते!

मूल्य चुकाने वाला

वे हमें पद-दलित करके चले गए,
वे हमें मान-मर्दित करके चले गए,
वे हमें कलंकित करके चले गए,
वे हमारे नाम, हमारी साख को
खाक में मिलाकर चले गए,

वे एक अटूट परम्परा,

अटूट इतिहास की शृंखला

को तोड़कर चले गए,

वे हमारी आस्थाओं,

हमारे विश्वासों की गर्दनें

मरोड़कर चले गए।

वे हमें हीन ग्रन्थियों में जकड़कर चले गए,

वे हमें बिना पराजित किए,

'तुम विजित किए जाने योग्य भी नहीं!'

कहकर चले गए!—

उस दिन देश का सबसे सीधा मेरुदण्ड

झुक गया,

उस दिन देश का सबसे गर्वोन्नत भाल

नत हो गया,

उस दिन देश का सबसे बड़ा जवान

वृद्ध हो गया,

उस दिन बहुत सी आशाएं कुम्हला गईं,

उस दिन बहुत-से-स्वप्न

तिरोहित हो गए,

उस दिन बहुत-से आदर्शों का खोखलापन

सिद्ध हो गया।

तब से उस जवान के चेहरे पर झुर्रियाँ पड़ गईं,

झाइयाँ छा गईं!

तब से वह जवान न दिल खोलकर हँसा,

न मन से मुस्कराया,

न उसने होली खेली,

न दीवाली का दीप जलाया,

उसने अपने रक्त की अन्तिम बूँदों तक,

अपनी नसों के अन्तिम स्पन्दन तक,
अपनी छाती की अन्तिम धड़कन तक,
अपनी चौकी पर डटे रहकर,
सारे देश के अपमान,
सारी जाति की लज्जा का मूल्य चुकाया।

27 मई

चाल काल की
कितनी तेज़ कभी होती है।
अभी प्रात ही तो हमने प्रस्थान किया था
और दोपहर आते-आते
जैसे हम युग एक पार कर खड़े हुए हैं!

आसमान का रंग,
धरा का रूप
अचानक बदल गया है।
वह पर्वत जो साथ हमारे चलता-सा था
ओझल सहसा,
देवदार-बन झाड़ी-झुरमुट में परिवर्तित,
धूलि-धुंध में खोई-खोई हुई दिशाएँ
रुकी हवाएँ,
सारा वातावरण
अनिश्चय, आश्चर्य, आशंका विजड़ित।

स्पष्ट परिस्थिति।
फूट पड़ा कोलाहल-क्रन्दन,

दो चट्टानें

आँख-आँख में विगलित जल-कण,
जन-जन विचलित, व्याकुल, निर्धन।
क्या न पकड़ना सम्भव होगा कुछ बीते क्षण?
सहज नहीं मन मान सकेगा—
यह युग की इति!
यह युग की इति!
राह रोक कर काल खड़ा है—
'ओ मानव नादान, बता तो
पीछे किसका कदम पड़ा है!'
किन्तु कल्पना, विह्वल, पागल,
कालचक्र को बारम्बार उलटकर कितने
विगत क्षणों को फिर-फिर जीती,
प्यासी रहती, प्यासी रहती, प्यासी रहती,
मृगजल पीती!

गुलाब की पुकार

सुना कि
गंगा और जमुना के संगम पर
एक गुलाब का फूल खिला है।
सुना कि
उसे देखने को—देखने भर को—
तोड़ने की बात ही नहीं उठती—
मुहल्ले-मुहल्ले से,
घर-घर से;
लोग जाते हैं—
सभ्य, शौकीन, सफेदपोश, शहराती

सुना अनसुना करके बैठा रहा—
ये संघर्ष-विहीन
खाने कपड़े से खुश,
जीवन से सन्तुष्ट,
रईस, फुरसत-नवीस, तमाशबीन,
इन्हें कुछ न कुछ शग़ल चाहिए ही।
सुना कि
उसे देखने को
पड़ोस के, पास के, दूर-दराज़ के
गाँव-गाँव से लोग आते हैं—
अपढ़, गँवार, गरीब, बदनसीब—
यानी इस देश की माटी ही साकार—
तो मैं चौंका—

अपढ़ असमझदार नहीं होता,
गँवार दिखावे का शिकार नहीं होता,
गरीब वक्त बेकार नहीं खोता,
बदनसीब अपनी किस्मत से जूझता,
उसे खिलवाड़ नहीं सूझता।
ये जो अपना
हल, बैल, बोझ, गाड़ी, गड़ारी, गड़ाँस
छोड़-छाड़ आए हैं,
न ये बौराए हैं,
न किसी के बहकाए हैं।
इनको दूर से, दिगंत से,
गुलाब की सुगंध मिली है,
इनकी आशा की,
अरमान की, सपनों की
कोई कली खिली है
और ये चल पड़े हैं!

इनको गुलाब ने,
दुर्निवार पुकारा है,
खींचा है,
क्योंकि वह कभी तो उगा है,
पंखुरियों में फूटा है, फूला है, जगा है,
जब इनकी पीढ़ी-दर-पीढ़ी के
दर्द ने, दुख ने,
आँसू औ' पसीने की बूँद ने, धार ने,
रक्त ने सींचा है।
खून ने खून को पुकारा है;
मिट्टी और फूल में अटूट भाई-चारा है।

द्वीप-लोप

लहरें, लहरें, लहरें...
जहाँ तक आँखें जाती हैं,
जिधर भी आँखें जाती हैं,
लहरें, लहरों पर लहरें
उठती, दबती, उभरती, आगे बढ़ती
हहराती चली आती हैं—
लहरें, लहरों के आगे लहरें,
लहरें, लहरों के पीछे लहरें!

लहरें कि लाखहा सिन्धु-कन्याएँ?—
खोले हुए लहराती लटाएँ,
घबराई, भभराई,

कतार की कतार,
तरंगों पर सवार—
बढ़ी ही चली आती हैं,
न खुद रुकती हैं,
न किसी को रुकने देती हैं।

सागर के बीच एक द्वीप था,
द्वीप में एक वन था,
वन में एक पेड़ था,
पेड़ पर एक फूल था,
फूल था गुलाब का—
जादुई सुगंध, रंग, आब का।
फूल और पेड़ और वन को लिए हुए
द्वीप वह तरा गया,
सिन्धु में समा गया!

फटी-फटी आँखों से
लाखों सिन्धु-कन्याएँ
खोजती हैं द्वीप को,
वन को, पेड़ को, फूल को,
किन्तु नहीं पाती हैं,
बहुत फटफटाती हैं,
मथती हैं सागर को तल से अतल तक,
हार हार, थक-थक,
रोती हैं सिर पटक, सिर पटक...
शोध नहीं पाती हैं
प्रकृति की,
नियति की,
नियन्ता की भूल को!

दो चट्टानें

गुलाब, कबूतर और बच्चा

अस्त जिस दिन हो गया
अपराह्न का वह सूर्य
छाया तिमिर चारों ओर,
पंछी चतुर्दिक से,
पंख आतुर,
हो इकट्ठा लगे करने शोर—
हर लिया क्यों गया
किरणों का अमित भण्डार,
वासर शेष,
सन्ध्या दूर,
असमय रात,
दिन का चल रहा था दौर,
दिन का दौर!
दिन का दौर!! दिन का...
उस तिमिर में
एक फूटा स्रोत,
पानी लगा भरने औ' उभरने,
और ऊपर, और ऊपर, और ऊपर
लगा उठने।
एक पारावार उमड़ा है
फफकता, क्षितिज छूता,
लक्ष-लक्ष पसार कर लहरें उठाता,
जो उमड़तीं,
जो कि थोड़ी दूर बढ़तीं,
और गिरतीं, और मिटतीं;
पुनः उठतीं, पुनः बढ़तीं, पुनः मिटतीं

सिन्धु सुधियों का,
लहर में चित्र कितने! अरे कितने!! अरे कितने!!!
शरण केवल एक ही है,
तैरती-सी लाश,
मानों पोत।

और क्षण-भर बाद
वह भी लुप्त,
लहरों में मिलाकर
और शत-शत चित्र
चौमुख जागरण में सुप्त!
सहसा गुप्त!!
सिन्धु मथकर
कोटि कर टूटे-थके,
पर हाथ कुछ भी
लग न पाया,
विवशता, असमर्थता का
हार का अवसाद छाया।

कल्पना मेरी न हारी;
मैं समझता था उसे सुकुमार,
पर जाने कहाँ से
तेज, तेज, ताब लेकर
एक उसने
सिन्धु में डुबकी लगाई,
और जब निकली तो
उसकी गोद में था
एक बच्चा,
हाथ में जिसके कबूतर,
चोंच में जिसके गुलाब!

दो फूल

एक डाल पर फूल खिले दो,
एक पूर्व-मुख,
और दूसरा कुछ पच्छिम रुख।
एक श्वेत, प्रभ, पुण्य-प्रभाती,
श्वेत—शरद पूनों का चन्दा;
श्वेत—शिखर का हिम किरीट ज्यों,
श्वेत—मानसर के मराल-सा,
कामधेनु की दुग्ध-धार-सा,
अतल सिन्धु के धवल फेन-सा,
देश-जागरण-दिव्य शंख-सा,
कमल-पत्र पर अमल अश्रु-सा,
श्वेत कि जैसे धुलकर उजली निखरी खादी।

और दूसरा लाल रंग का—
        रंग प्रीति का,
        रंग जीत का,
लाल—उषा का उठता घूँघट,
लाल—रची हाथों में मेहँदी,
लाल—रची पाँवों में जावक,
लाल—जगा प्राणों का पावक,
लाल—जाति की ध्वजा क्रान्ति की,
लाल—रक्त जैसे शहीद का।

औ' दोनों फूलों की आभा
बहुत दिनों तक
रही बिखरती, तम-भ्रम हरती,
तृण-तृण को अनुप्रेरित करती,
किन्तु समय ऐसा आता है,

जब फूला हर फूल
डाल से टूट-छूटकर,
भू पर गिरकर,
मुरझाता है, मर जाता है।
भीतर-भीतर दोनों फूलों में
कैसा विचित्र नाता था!
श्वेत पुष्प जब गिरा उस समय
तप्त शहीदी रक्त-स्नात था।
लाल फूल
अपने लोहू की बूँद-बूँद जी
            बूँद-बूँद पी,
गिरा जिस समय
उज्ज्वल, शीतल श्वेत, शान्त था।

कील-काँटों में फूल

घन वज्रपात हुआ,
भीषण आघात हुआ,

पर मशीन,
जैसे कल चलती थी,
आज चली जाती है,
कल चली जाएगी;
कोई इसे रोक नहीं पाएगा,
रुक नहीं पाएगी।
रुकीं नहीं फाइलें
थमीं नहीं पेंसिलें,

चुपी नहीं टिपिर-टिपिर,
रुकी नहीं वर्दियों की
दौड़-धूप, चल-फिर

यह मशीन
हृदय-हीन, शुष्क है,
जीव-रहित जड़ है,
फिर भी सचर है,
ऊब-भरा स्वर है,
क्या इसे फिकर है,
कौन कल गिर गया,
आज गया मर है।
इसका बस
एक गुन, एक धुन गति है,
मंज़िलेमकसूद बिना
चलती अनवरत है।

जादूगर एक था,
बीच कील-काँटों के
फूल खिला देता था,
मरी इस मशीन को
ज़रा जिला लेता था।
हरता था
मशीन की मशीनियत
दे करके
थोड़ी इन्सानियत,
थोड़ी रूमानियत।
आज वह विदा हुआ,
फूल कील-काँटों से
है छिदा-भिदा हुआ।

अब पेंच-पुर्जों से
कल, कील, काँटों से
रूप कभी घूँघट न उठाएगा,
रंग कभी नहीं आँख मारेगा,
रस पिचकारी नहीं छोड़ेगा,
औ' मशीन के मलीन तेल से
उठ सुगन्ध मन्द-मन्द कभी नहीं आएगी,
पर मशीन चले चली जाएगी,
चले चली जाएगी!
चलती चली जाएगी!...

विक्रमादित्य का सिंहासन

(नेहरू निवास को नेहरू-संग्रहालय बनाने के निर्णय से
प्रेरित एक काल्पनिका (फैंटेसी))

कहा कन्हैया ने दैया से
रहट चलाते,
''काका, तुमने खबर सुनी? बेकरम पुरा से
बुआ रात को आई हैं, वे बतलाती थीं,
वहाँ एक पासी का लड़का आठ बरस का,
अनपढ़, जिसको काला अक्षर भैंस बराबर,
बैठ एक टीले के ऊपर, हाकिम जैसे,
लोगों के मामलों-मुकदमों को सुनता है,
तुरत-फुरत फैसला सुनाता, और फैसला
ऐसा जैसे दूध-दूध हो पानी पानी!''

कहा सुनंदा ने कुंता से
पानी भरते,

''जीजी, तुमने खबर सुनी? बेकरम पुरा में
एकं बड़ी ही अचरज वाली बात हुई है,
पासी के घर पुरुब जनम का हाकिम जन्मा,
उमर आठ की मगर पेट के अन्दर दाढ़ी,
टीले पर वह बैठ मुकदमों को सुनता है
और फैसला दे देता है आनन-फानन,
उसके आगे सब सच्चाई खुल जाती है,
और झूठ की एक नहीं चलने पाती है।''

कहा सुबन्ना ने चन्ना से,
मेले जाते
''दीदी, तुमने भी क्या ऐसी खबर सुनी है?
नहीं सुनी तो तुम किस दुनिया में रहती हो?
जगह-जगह पर चर्चा है बेकरम पुरा की,
और वहाँ के लड़के की, जो आठ बरस का,
मगर समझ जो रखता साठ बरस वाले की,
वह टीले के ऊपर बैठ मुकदमे करता,
सबकी सुनता, पर जब अपना निर्णय देता,
लगता, जैसे न्याय-धरम का काँटा बोला।''

और खबर यह ऐसी फैली
दूर-पास के गाँव-गाँव से
अपने-अपने लिए मुकदमे
लोग बेकरम पुरा पहुँचते
और न्याय-सन्तुष्ट लौटते।
चमत्कार स्वाभाविक, सच्चा न्याय ग्राह्य है ग्रामीणों में।
खबर शहर के अन्दर पहुँची
मगर मुकदमे लेकर कोई वहाँ न पहुँचा—
कारण समझा जा सकता है—
पहुँच गए पर कई आधुनिक शोध-विचक्षण।

टीले से नीचे लड़का है
महा गावदी, बोदा, बुद्धू;
टीले के ऊपर है पण्डित,
तर्क-विभूषण, न्याय-विपश्चित।
चमत्कार क्या टीले में है?
हुई खुदाई। एक राजसिंहासन निकला।
धातु-परीक्षण, रूप-अध्ययन और स्थान-सर्वेक्षण द्वारा
पुरातत्त्ववेत्ता-मण्डल ने सिद्ध किया,
यह न्याय-मूर्ति विक्रमादित्य का सिंहासन है।
(सिद्धि-पीठ पर इसीलिए साधना विहित है)
विक्रमपुर ही बिगड़ के बेकरम पुरा बना है।
आगे का इतिहास मौन है।
बाकी सारी बात गौण है।

शासन का आदेश आ गया,
यह सिंहासन राष्ट्र संग्रहालय के अन्दर रहे सुरक्षित।
जनता में इसके दर्शन का कौतूहल है।
न्याय-पीठिका अधिक मान्य उपलब्ध उसे है।
(सिंहासन जो न्याय कहेगा
उसे आज का युग मानेगा?
और सहेगा?)

खून के छापे

(एक स्वप्न : एक समीक्षा)

सुबह-सुबह उठकर क्या देखता हूँ
कि मेरे द्वार पर
खून-रँगे हाथों के कई छापे लगे हैं!

और मेरी पत्नी ने स्वप्न देखा है
कि एक नर-कंकाल आधी रात को
एक हाथ में खून की बाल्टी लिए आता
और दूसरा हाथ उसमें डुबोकर
हमारे द्वार पर एक छापा लगाकर चला जाता है;
फिर एक दूसरा आता है,
फिर दूसरा, फिर दूसरा, फिर दूसरा...फिर...

यह बेगुनाह खून किनका है?
क्या उनका?
जो सदियों से सताए गए,
जगह-जगह से भगाए गए,
दुख सहने के इतने आदी हो गए
कि विद्रोह के सारे भाव ही खो गए,
और जब मौत के मुँह में जाने का हुक्म हुआ,
निर्विरोध चुपचाप चले गए
और उसकी विषैली साँसों में घुटकर
सदा के लिए सो गए।
उनके रक्त की छाप अगर लगनी थी तो
किसके द्वार पर?

यह बेज़बान खून किनका है?
क्या उनका?
जिन्होंने आत्महन शासन के शिकंजे की
पकड़ से, जकड़ से छूटकर
उठने का, उभरने का प्रयत्न किया था
पर उन्हें दाबकर, दलकर, कुचलकर
पीस डाला गया है।
उनके रक्त की छाप अगर लगनी थी तो

किसके द्वार पर?

यह जवान खून किनका है?
क्या उनका?
जो अपनी माटी का गीत गाते,
अपनी आज़ादी का नारा लगाते,
हाथ उठाते, पाँव बढ़ाते आए थे
पर अब ऐसी चट्टान से टकराकर,
अपना सिर फोड़ रहे हैं
जो न टलती है, न हिलती है, न पिघलती है।
उनके रक्त की छाप अगर लगनी थी तो
किसके द्वार पर?

यह मासूम खून किनका है?
क्या उनका?
जो अपने श्रम से धूप में, ताप में
धूलि में, धुएँ में सनकर, काले होकर,
अपने सफेद-खून स्वामियों के लिए
साफ घर, साफ नगर, स्वच्छ पथ
उठाते रहे, बनाते रहे,
पर उनपर पाँव रखने, उनमें बैठने का
मूल्य अपने प्राणों से चुकाते रहे।
उनके रक्त की छाप अगर लगनी थी तो
किसके द्वार पर?

यह बेपनाह खून किनका है?
क्या उनका?
जो तवारीख की एक रेख से
अपने ही वतन में जलावतन हैं,
जो बहुमत के आवेश पर

सनक पर, पागलपन पर,
अपराधी, दंड्य और वध्य
करार दिए जाते हैं।
निर्वास, निर्धन, निर्वसन,
निर्मम कत्ल किए जाते हैं।
उनके रक्त की छाप अगर लगनी थी तो
किसके द्वार पर?

यह बेमालूम खून किनका है?
क्या उन सपनों का?
जो एक उगते हुए राष्ट्र की
पलकों पर झूले थे, पुतलियों में पले थे,
पर लोभ ने, स्वार्थ ने, महत्त्वाकांक्षा ने
जिनकी आँखें फोड़ दी हैं।
जिनकी गर्दनें मरोड़ दी हैं।
उनके रक्त की छाप अगर लगनी थी तो
किसके द्वार पर?

लेकिन इस अमानवीय अत्याचार, अन्याय
अनुचित, अकरणीय, अकरुण का
दायित्व किसने लिया?...
जिनके भी द्वार पर ये छापे लगे उसने
पानी से धुला दिया,
चूने से पुता दिया।

किन्तु कवि-द्वार पर
छापे ये लगे रहें,
जो अनीति, अति की
कथा कहें, व्यथा कहें,
और शब्द-यज्ञ में मनुष्य के कलुष दहें।

और मेरी पत्नी ने स्वप्न देखा है
कि ये नर-कंकाल
कवि-कवि के द्वार पर
ऐसे ही छापे लगा रहे हैं,
ऐसी ही शब्द-ज्वाला जगा रहे हैं।

भोलेपन की कीमत

(लुमुम्बा की स्मृति में)

तुम इसे कल्पना कहो, स्वप्न की बात कहो,
क्या फर्क पड़ा;
शुद्ध सत्य किसकी आँखों ने देखा है?
जिन आँखों ने परियाँ देखीं, सुन्दरियाँ देखीं,
सूनी घड़ियाँ भी देखीं,
उनसे ही मैंने देखा है—

पर्वतमाला में आग लगी, जलती है,
अम्बर छूने को लपटें उठतीं,
निर्झर झुलसा, तचकर चट्टान चटकती है,
जानवर नहीं रोते, चिल्लाते, घबराते।
वे सहज बोध से आने वाली दुर्घटना को
जान त्राण की कोई राह बना लेते।

वन जलता है,
लकड़ी तो अपने अन्दर आग बसाए है,
ज्वाला-माला का जैसे रेला-मेला है!
पंछी क्यों रोएँ, चिल्लाएँ या घबराएँ?

सारा नभमण्डल उनका है, पर उनके हैं।
घर जलता, बस्ती जलती है;
इन्सान छोड़कर सब कुछ भागे जाते हैं;
प्राणों से बढ़कर और बचा लेने की कोई चीज़ नहीं;
कुछ ध्वंस न ऐसा हो सकता, यदि जीता है,
इन्सान पुनर्निर्माण न जिसका कर लेता!

बच्ची का घर के पास घरौंदा जलता है—
गुड़िया गुड्डे के साथ पलंग पर बैठी है—
'अब उनको कौन चेताएगा!—
अब उनको कौन बचाएगा!'
बच्ची चिल्लाती लपटों में धँस जाती है,
अपने भोले मन, भोले बचपन की कीमत
प्राणों के साथ चुकाती है।

गाँधी

एक दिन इतिहास पूछेगा
        कि तुमने जन्म गाँधी को दिया था,
जिस समय हिंसा,
कुटिल विज्ञान बल से हो समन्वित,
धर्म, संस्कृति, सभ्यता पर डाल परदा,
विश्व के संहार का षड्यन्त्र रचने में लगी थी,
        तुम कहाँ थे? और तुमने क्या किया था?

एक दिन इतिहास पूछेगा
        कि तुमने जन्म गाँधी को दिया था,

जिस समय अन्याय ने पशु-बल सुरा पी—
उग्र, उद्धत, दम्भ-उन्मद—
एक निर्बल, निरपराध, निरीह को
था कुचल डाला,
        तुम कहाँ थे? और तुमने क्या किया था?

एक दिन इतिहास पूछेगा
        कि तुमने जन्म गाँधी को दिया था,
जिस समय अधिकार, शोषण, स्वार्थ
हो निर्लज्ज, हो निःशंक, हो निर्द्वंद्व
सद्यः जगे, सँभले राष्ट्र में घुन-से लगे
जर्जर उसे करते रहे थे,
        तुम कहाँ थे? और तुमने क्या किया था?

क्योंकि गाँधी व्यर्थ
यदि मिलती न हिंसा को चुनौती,
क्योंकि गाँधी व्यर्थ
यदि अन्याय की ही जीत होती,
क्योंकि गाँधी व्यर्थ
जाति स्वतन्त्र होकर
        यदि न अपने पाप धोती!

युग-पंक : युग-ताप

दूध-सी कर्पूर-चन्दन चाँदनी में
भी नहाकर, भीगकर
मैं नहीं निर्मल, नहीं शीतल

दो चट्टानें

हो सकूँगा,
क्योंकि मेरा तन-वसन
युग-पंक में लिथड़ा-सना है
और मेरी आत्मा युग-ताप से झुलसी हुई है;
नहीं मेरी ही तुम्हारी, ओ' तुम्हारी और सबकी।
वस्त्र सबके दाग़-धब्बे से भरे हैं,
देह सबकी कीच-काँदों में लिसी, लिपटी, लपेटी।
कहाँ हैं वे सन्त
जिनके दिव्य दृग
सप्तावरण को भेद आए देख—
करुणासिन्धु के नव नील नीरज लोचनों से
ज्योति निर्झर बह रहा है,
बैठकर दिक्काल
दृढ़ विश्वास की अविचल शिला पर
स्नान करते जा रहे हैं
और उनका कलुष-कल्मष
पाप-ताप-'भिशाप धुलता जा रहा है।

कहाँ हैं वे कवि
मदिर-दृग, मधुर-कंठी
और उनकी कल्पना-संजात
प्रेयसियाँ, पिटारी जादुओं की,
हास में जिनके नहाती है जुन्हाई,
जो कि अपनी बाहुओं से घेर
बाड़व के हृदय का ताप हरतीं,
और अपने चमत्कारी आँचलों से
लालिमा में बदलतीं,
छलतीं समय को।
आज उनकी मुझे, तुमको,
और सबको है ज़रूरत।

कहाँ हैं वे संत?
वे कवि हैं कहाँ पर?—
नहीं उत्तर।

वायवी सब कल्पनाएँ-भावनाएँ
आज युग के सत्य से ले टक्करें
गायब हुई हैं।
कुछ नहीं उपयोग उनका।
था कभी? सन्देह मुझको।
किन्तु आत्म-प्रवंचना जो कभी सम्भव थी
नहीं अब रह गई है।

तो फँसा युग-पंक में मानव रहेगा?
तो जला युग-ताप से मानव करेगा?
नहीं।
लेकिन, स्नान करना उसे होगा
आँसुओं से—
पर नहीं असमर्थ, निर्बल और कायर,
सबल पश्चात्ताप के उन आँसुओं से,
जो कलंकों का विगत इतिहास धोते।
स्वेद से—
पर नहीं, दासों के, खरीदे और बेचे—
खुद बहाए, मृत्तिका जिससे कि अपना ऋण चुकाए।
रक्त से—
पर नहीं अपने या पराए,
उस तरह के पीरपावन रक्त से
जिसको कि ईसा और गाँधी की
हथेली और छाती ने बहाया,
तिमिरमय पथ ज्योति पाए!

बाढ़-पीड़ितों के शिविर में

यहाँ अजीब-अजीब नेता आते हैं,
चक्कर लगाते हैं,
तरह-तरह के नारे लगवाते हैं,
उनका मतलब हम नहीं समझ पाते हैं।
कहते हैं क़ाननू भंग करो,
यानी सरकार को तंग करो,
सरकार है तो बाढ़ रोके,
यह नहीं कर सकती
तो गद्दी से हटे, भाड़ झोंके!

और हम जो बाढ़ के शिकार हैं,
समझने में लाचार हैं
कि सरकार अगर भाड़ भी झोंकेगी
तो बाढ़ कैसे रोकेगी!

बाढ़ तो पहले भी आती थी,
अब भी आती है,
हम भी इराबे आदी हैं;
अगले सालों की तरह अबके भी आ गई है,
मुसीबत है, पर क्या नई है?...
जैसे पहले झेली थी, अब भी झेलेंगे
किस्मत हमसे खेल करती है,
हम भी किस्मत से खेलेंगे।
बरसात है, बरखा है, लगातार मूसलाधार—
डबहे से तलैया, तलैया से ताल, ताल से तालाब
तालाब से झील, झील मीलों-मील;
उधर से नदी भरी है, बढ़ी, उठी है, उमगी है, उफनाई है,
अपनी बहन झील से गले मिलने आई है।

बीच में डूब गए हैं हमारे खेत-खलिहान,
फूस-छाए मकान,
खेतिहर के छोटे-मोटे सामान।
घरों में क्या है जो हम हटाएँ,
न हटा पाने पर कोहराम मचाएँ,
न किताबें, न कुर्सियाँ, न कालीनें, न आलमाराएँ।
हमारे पुरखों ने सिखलाया
कि जब-जब बाढ़ आए,
दो चीज़ बचाना—
छाती में विश्वास
और हाँडी में दाना।
वही लिए हम यहाँ आए हैं,
उसी के सहारे हम यहाँ बैठे हैं,
उसी बीज और विश्वास के भरोसे—
जब पानी उतरेगा, घटेगा, हटेगा,
और ज़मीन उबरेगी,
तरोताज़ा होकर उभरेगी,
जैसे ग्रहण छूट जाने पर चाँद—
हम वापस जाएँगे;
नए, उर्वर खेतों में;
चना-मटर बोएंगे, सरसों
धरती हरियाएगी, पियराएगी,
हम फसल काटकर घर लाएँगे,
होली जलाएंगे,
गाएँगे फाग,
पानी-परेशानी पर
आग-राग की जय मनाएँगे
(थोड़ी देर के लिए भूल जाएँगे
कि पानी-हलाकानी के दिन फिर आएँगे।)

दो चट्टानें

युग और युग

उस नक्कारे की यकायक डमकार
कि घटाटोप तम का परदा
चर्र से फटकर अलग हो गया।
प्रकाश आकाश से फूटकर—
जैसे किसी बड़े बाँध को तोड़कर जल-धार—
आर-पार फैल गया।
सूरज घर-घर घूमने लगा,
किरणों के तार द्वार-द्वार बिछ गए।

दूर ऊँचे पर्वतों से
निर्झर नीचे को चले-दौड़े,
पेड़ों पर चिड़ियों के पर-स्वर खुले,
मैदानों में नदियाँ उठीं, कगारे गिरे,
पाट हो गए चौड़े।

जो पशु बन कर सोए थे
नर बनकर जगे,
देव बनकर खड़े हुए,
देवता बनकर चले;
कितने छोटे कितने बड़े हुए,
कितने खोटे, कितने भले!

उस नक्कारे पर मढ़ने को
किस नाहर ने अपनी खाल दी थी—
जैसे दधीचि ने अपनी हड्डी—
कि उस पर एक चोट
कि एक युग का विस्फोट!

धुआँ है, धुँध है, अँधेरा है,

मंज़िल भी ओझल हो गई है,
रास्ता भी लापता है,

कोई नहीं कहता, कौन शाह, कौन लुटेरा है,
सब कहते हैं, लूट है, चोरी है, हेरा-फेरी है।

झरनों का संगीत मन्द है,
विहंगम नीड़ों में बन्द हैं,
उनके पर झड़ रहे हैं,
नदियाँ सूख रही हैं,
कछारों में दरारे पड़ रहे हैं।

विकास के क्रम में विपर्यय है,
बड़ा बौना हो रहा है,
बौना बितौना,
अँधेरे की नीति है—
उजले को पकड़े जाने का डर है,
काला निर्भय है।
कुछ चमगादड़ों के चाम को
जोड़-जाड़कर
एक दमामे पर चढ़ाने का
प्रयास हो रहा है,
किसको नवयुग-उद्घोष का
विश्वास हो रहा है?

लेखनी का इशारा

ना ऽ ऽ ऽ ग!
मैंने रागिनी तुझको सुनाई बहुत,
अनका तू न सनका—

कान तेरे नहीं होते,
किन्तु अपना गान केवल कान के ही लिए
मैंने कब सुनाया,
तीन-चौथाई हृदय के,
बुद्धि के भी लिए होता
इसलिए ही तो तुझे मैंने कुरेदा और छेड़ा भी
कि तुझमें जान होगी अगर
तो तू फनफनाकर उठ खड़ा होगा,
गरल-फुफकार छोड़ेगा,
चुनौती करेगा स्वीकार मेरी,
किन्तु उलझी रज्जु की तू एक ढेरी।

इसी बल पर,
घा ऽ ऽ घ,
कुण्डल मार कर तू
उस खज़ाने पर डटा बैठा हुआ है
जो हमारे पूर्वजों के
त्याग, तप, बलिदान,
श्रम की, स्वेद की गाढ़ी कमाई?
हमें सौंपी गई थी यह निधि
कि भोगें त्याग से हम उसे,
जिससे हो सके दिन-दिन सवाई;
किन्तु किसका भोग,
किसका त्याग,
किसकी वृद्धि!
पाई हुई भी है
आज अपनाई-गँवाई।

दूर भग,
भय कट चुका,
भ्रम हट चुका—

अनुनय-विनय से
रीझनेवाला हृदय तुझमें नहीं है—
खोल कुण्डल,
भेद तेरा खुल चुका है,
गरल-बल तुझमें नहीं अब,
क्योंकि उससे विषम तर विष पर
बहुत दिन तू पला है,
चाटता चाँदी रहा है,
सूँघता सोना रहा है।

लट्ठ, या उससे बड़े हथियार को
भी मैं चलाना जानता हूँ,
पर मरे को मार करके—
लिया ही जिसने, दिया कुछ भी नहीं,
यदि वह जिया तो कौन मुर्दा?—
कौन शाह मदार अपने को कहाए![1]
कलम से ही
मार सकता हूँ तुझे मैं;
कलम का मारा हुआ
बचता नहीं है।
कान तेरे नहीं,
सुनता नहीं मेरी बात,
आँखें खोलकर के देख
मेरी लेखनी का तो इशारा—
उगा-डूबा है इसी पर
कहीं तुझसे बड़ों,
तुझसे जड़ों का
किस्मत-सितारा!

---

1. मरे को मारे शाह मदार, कहावत है।

दो चट्टानें

कुकड़ूँ-कूँ

इनमें से कोई कहता है,
मैं युगान्तकारी हूँ!
कोई पुकारता है,
मैं युगान्तरकारी हूँ!
कोई चीखता है,
मैं युगप्रवर्तक हूँ।
कोई चिल्लाता है,
मैं नव जागरण का दूत हूँ।
कोई आवाज़ लगाता है,
मैं नव प्रभात का सूर्य हूँ।
कोई घोषणा करता है,
मैं नव युग का तूर्य हूँ।

और मैं अपनी निद्रा-प्रेयसी के
अर्द्ध शिथिल बाहुपाश से
धीरे से अपने को मुक्त करता हूँ,
चारपाई से धरती पर पाँव धरता हूँ,
अस्फुट स्वर में कहता हूँ,
समुद्रवसने देवि पर्वतस्तनमण्डले।
विष्णुपत्नी नमस्तुभ्यं पादस्पर्श क्षमस्व मे ॥
फिर आसमान की तरफ आँख उठाता हूँ,
कुछ ऐसा संकेत पाता हूँ,
सारे जीवन से एक हो जाता हूँ,
हवा के साथ बहता हूँ,
सुगन्ध के साथ बहकता हूँ,
चिड़ियों के साथ चहकता हूँ,

सूरज के साथ उठता हूँ,
किरनों के साथ उतरता हूँ,
सब पर बिखरता हूँ,
सबको जगाता-उठाता हूँ,
वचन पर मौन की,
मौन पर कर्म की जय मनाता हूँ।
नव युग,
नव प्रभात, नव जागरण
मैं लाता नहीं स्वयं हूँ,
और ये हैं
नव युग,
नव जागरण,
नव प्रभात के मुर्गे।
इन्सानों की दुनिया में
कुकड़ूँ-कूँ....कुक
कई तरह से की जा सकती है;
शायद मैंने भी की हो,
गो कविता लिख दी हो।
मूल बात यह है
कि सवेरा होने पर मुर्गे बोलते हैं,
मुर्गे के बोलने से सवेरा नहीं होता।

सुबह की बाँग

मुर्गा इतना मूर्ख, भोला, आत्मदम्भी नहीं
इतना भी न समझे,
प्रात होता है सदा अपने समय से,
सूर्य उठता क्षितिज पर

अगणित किरण के शर चलाता,
तिमिर हो भयभीत-आहत
भागता चुपचाप,
जीवन-ज्योति-जागृति-गान
कण-कण गूँजता है।

किन्तु उसके शीश पर जो
अरुणिमा का ताज रक्खा गया
उसकी लाज,
उसकी आन भी उसको निभानी;
और उसके वक्ष में जो आग,
उसके कंठ में जो राग,
स्वर जो तीव्र, तार, सुतीक्ष्ण
रक्खा गया उसका
निष्कलुष दायित्व भी उसको उठाना।

रात-दिन क्रम में
निशा की कालिमा अनिवार्य
यह वह जानता है,
भैरवी की भूमिका के मौन की पदचाप यह पहचानता है,
किन्तु आशा-आस्था करती प्रतीक्षा,
थकी, अलसाई हुई,
अन्तिम प्रहर की
नर्म, जैसे मर्म सहलाती हवा में सो न जाएँ,
अचकचा चेतन्त होता,
वायवी सपने पलक से झाड़ता है,
फेफड़ों का जोर, फिर, पूरा लगाता
वक्त को ललकारता—
ललकारता—
ललकारता है।

गत्यवरोध

बीतती जब रात,
करवट पवन लेता,
गगन की सब तारिकाएँ
मोड़ लेतीं बाग,
उदयोन्मुखी रवि की
बाल-किरणें दौड़
ज्योतिर्मान करतीं
क्षितिज पर पूरब दिशा का द्वार,
मुर्ग मुंडेर पर चढ़
तिमिर को ललकारता,
पर वह न मुड़कर देखता,
धर पाँव सिर पर भागता,
फटकार कर पर,
जाग दल के दल विहग
कल्लोल से भूगोल और खगोल भरते,
जागकर सपने निशा के
चाहते होना दिवा-साकार,
युग-श्रृंगार।

कैसा यह सवेरा!
खींच-सी ली गई बरबस
रात की ही सौर जैसे और आगे—

कुढ़न-कुंठा-सा कुहासा,
पवन का दम घुट रहा-सा,

धुंध का चौफेर घेरा,
सूर्य पर चढ़कर किसी ने
दाब-जैसे उसे नीचे को दिया है,
दिए-जैसा धुएँ से वह घिर,
गहरे कुएँ में है दिपदिपाता,
स्वयं अपनी साँस खाता।

इस अनिष्टकरी तिमिर से जूझना तो दूर—
एक घुग्घू,
पच्छिमी छाया-छपे बन के
गिरे, बिखरे परों को खोंस
कलगी की जगह पर,
फूल बैठा है बकुल की डाल पर,
गोले दृगों पर धूप का चश्मा लगाकर—
प्रात का अस्तित्व अस्वीकार करने के लिए
पूरी तरह तैयार होकर।

और, घुघुआना शुरू उसने किया है—
गुरु उसका वेणुवादक वही
जिसकी जादुई धुन पर नगर के
सभी चूहे निकल आए थे बिलों से—
गुरु गुड़ था किन्तु चेला शक्कर निकला—
साँप अपनी बाँबियों को छोड़
बाहर आ गए हैं,
भूख से मानो बहुत दिन के सताए,
और जल्दी में, अँधेरे में, उन्होंने
रात में फिरती छछूँदर के दलों को
धर दबाया है—
निगलकर हड़बड़ी में कुछ

परम गति प्राप्त करने जा रहे हैं,
और जिन्होंने अचकचाकर,
भूल अपनी भाँप मुँह फैला दिया था,
वे नयन की जोत खोकर,
पेट धरती से रगड़ते,
राह अपनी बाँबियों की ढूँढ़ते हैं,
किन्तु ज्यादातर छछूँदर छटपटाती-अधमरी
मुँह मे दबाए हुए
किंकर्तव्यविमूढ़ बने पड़े हैं;
और घुग्घू को नहीं मालूम
वह अपने शिकारी और शिकारों को
समय के अंध गत्यवरोध से कैसे निकाले,
किस तरह उनको बचा ले।

गैंडे की गवेषणा

(एक आत्म वक्तव्य)
''गैंडे की गवेषणा आदमी के लिए महादुःख''

सरहपाद—'दोहा कोश' (राहुल)

अहं! अहं! अहं!
थलचरो! जलचरो! नभचरो!
चरो! अचरो!
सब सुनो।
मैं अपने अहं की उद्घोषणा करता हूँ।
यह मेरा जन्मजात गुण है।
अहं में मेरा जन्म हुआ।

दो चट्टानें

अहं ने मुझे बढ़ाया।
(बदला चुकाने में पीछे नहीं रहा,
मैंने अहं को बढ़ाया।)
अहं ने मुझे जिलाया।
(सहयोग देने में पीछे नहीं रहा,
मैंने अहं को जिया।)
तुम सोच रहे हो,
आगे मैं कहूँगा,
और अहं ही मुझे मारेगा।
कोई अपने को भी मारता है?
जिसे अपना अहं नहीं मारेगा
उसे कौन मारेगा?
अहं अजर है!
अहं अमर है!!
मैं अपने गुण की उद्घोषणा करता हूँ।
'गुन प्रगटै अवगुनहि दुरावै।'
अहं मेरा सहज स्वधर्म है।
मैं स्वधर्म की उद्घोषणा करता हूँ।
'स्वधर्मे निधनं श्रेयः'
पर जो स्वधर्म छोड़ता ही नहीं,
उसको निधन तोड़ता ही नहीं।
अहं अजर, अमर है,
अगर वही अपने को न मारे।
पर वह अपने मरने का सामान पैदा करता है,
यानी सन्तान पैदा करता है,
सन्तान से अधिक कोई अहं को नहीं तोड़ता।
मेरा बाप मूर्ख था
जो उसने मुझे पैदा किया,
इसी से वह मर गया।
मैं सन्तान नहीं पैदा करूँगा

पर यह नहीं कि नारी नहीं करूँगा,
अनुत्पादक कहलाऊँ,
नपुंसक नहीं कहलाऊँगा।
एक नारी करूँगा,
दो नारी करूँगा,
तीन नारी करूँगा,
ऊपर भी जाऊँगा।
नारी के समर्पण से अधिक
कोई अहं को नहीं बढ़ाता।
स्थायी दुनिया में कुछ भी नहीं,
जो बढ़ेगा नहीं वह घटेगा;
जो घटेगा वह मिटेगा,
मैं न-मिटने के लिए
कुछ भी करने में न हिचकूँगा।
जीना ही तो पहला धर्म है,
यानी अस्तित्व बनाए रहना।
दुनिया जैसी बनी है
उसमें कुछ मिटकर ही कुछ बनता है।
किसी का अस्तित्व मिटेगा,
तभी किसी का बनेगा।
और किसका अस्तित्व
सबसे अधिक महत्त्वपूर्ण है?—
मुझे दुबारा सोचना नहीं है,
अपना! अपना!! अपना!!!
अपना अस्तित्व बनाए रखने को
सबका अस्तित्व मिटाना भी पड़े
तो भी नहीं झिझकूँगा।
लेकिन मिटा भी सकूँ
तो मैं उन्हें मिटाऊँगा नहीं,
उन्हें कम करके, घटा करके

दो चट्टानें

नीचा दिखा करके छोड़ दूँगा;
तुलना में अपने को उनसे अधिक,
उनसे बढ़कर, उनसे ऊँचा
सिद्ध कर ही तो मैं अपने अहं को
पोषित करता रह सकता हूँ।
मिटाने-मिटाने में
लोग मिट भी जाते हैं,
पर मैं?—मैं? मिटने को बना हूँ?
देखते नहीं मेरा
महा भारी, महा भरकम शरीर,
जैसे हो अहं का सुदृढ़, सुमढ़, सुगढ़,
गढ़ के चारों ओर चौड़े-पक्के पुश्ते,
घन, ठस, दुर्भेद्य प्राचीर!
मेरे चरने-चोंथने के लिए है
जंगल की सारी घास,
पीने को है झील पर पानी,
या करने को जल-क्रीड़ा, जल-विलास।
चलता है वातास
कि मैं ले सकूँ स्वच्छंद साँस,
मेरी नाक की सींग पर
टिका है आकाश का आकाश,
दायित्व कितना बड़ा है मेरे ऊपर!
चन्द्र दर्शन[1] के समय
मैं छिप जाता हूँ सिकुड़कर
कि मेरे सींग की खाकर टक्कर
कहीं गिर न पड़े वह भू पर!
इतना कुछ कहा है,
तो खोल दूं अब पूरा ही भेद,

---

1. ‘चन्द्र दर्शन के समय गैंडा छिपै’’—‘दोहा कोश’ (राहुल)

मैं हूँ कर्ण का अवतार
सबूत में, देखते नहीं
आया हूँ शरीर पर कवच धार।
दानी के तीन गुन—
दे, न दे, दे कर ले ले।
कवच ले लिया,
कुण्डल रहने दिया।
'अर्ध तजहिं बुध सर्वस जाता।'
कुण्डल काम भी क्या आता।
यहाँ सबको है आज़ादी
करें ख़यालों का इज़हार,
होती हैं सभाएँ,
निकलते हैं जलूस,

चिपकाए जाते हैं इश्तहार,
छापे जाते हैं अख़बार,
यानी हर तरफ से होता है वार।
अगर लेकर न आता इतनी मोटी खाल,
जीना होता बहुत दुश्वार।
दुनिया में हैं
बहुत-से मत, मतान्तर,
बहुत-से आद-वाद,
पर सबसे ज्यादा काम का है गैंडावाद,
(यानी बेहयावाद)
जिसकी अनुयायी हैं सब सरकारें,
सब संस्थाएँ, सब स्कूल, सब उस्ताद,
कोई करता रहे कितनी ही आलोचना, प्रालोचना,
परालोचना, प्रत्यालोचना, समालोचना, कितने ही वार,
तुम चले जाओ अपनी ही चाल,
करे जाओ अपनी ही बात,

किए जाओ अपना ही गुण-गान;
'रसरी आवत जात ते सिल पर परत निसान।'

श्रृगालासन

शार्दूलस्य गुहां शून्यां नीचः क्रष्टाभिमर्दति

—महाभारत, आदि पर्व, 212-8

शेरों के आसन पर
बैठा है आज स्यार

—(निराला के प्रति क्षमायाचना सहित)

बहुत ऊँची
एक मीनारी जगह पर—
सब जगह से दृष्टिगोचर—
आप आसन मानकर
बैठे हुए हैं,
कभी दाएँ
कभी बाएँ सिर घुमाते,
कभी ऊपर सिर उठाते,
कभी नीचे सिर झुकाते,
प्रदर्शन की नम्रता से,
और कद कुछ और ऊँचा लगे,
इससे बीच-बीच उचक रहे हैं;
गति नजर को
खींचती है,
और जितनी दृष्टियाँ
जितनी दफा पड़ सकें तन पर
आपका मन गुदगुदातीं।
तुष्ट लोकेषणा

है वरदान कितना बड़ा
जिसके बल
न जाने और कितनी
सिद्धियाँ उपलब्ध होतीं
फी ज़माना!

आप इतने से
नहीं सन्तुष्ट लेकिन;
एक साधन और
आकर्षण अगर वह बन सके
तो हर्ज क्या है।
आप अपनी कान-फाड़
'हुआ-हुआ' से भी
दिशाओं को ध्वनित, प्र' ध्वनित करते।
लोग पूछें,
'क्या हुए हैं? क्या हुए हैं?'

और दुनिया
जिस तरह अपनी बनी है
वहाँ नीचे पड़े लोगों की
कमी कोई नहीं है।
किसी भी ऊँची जगह पर
जहाँ कोई नजर आता,
हीन-ग्रन्थि-विवश,
उसे सत्कार देने
या कुतूहल शान्त करने को
हजारों टूट पड़ते।
होइए खुश
गर्दनें दुख रहीं उनकी
और उनकी टोपियाँ-पगड़ियाँ गिरतीं।
जिस तरह जयकार सुनने का

किन्हीं को रोग होता,
मर्ज़ होता किन्हीं को
जय बोलने का।
हर 'हुआ' पर
'वाह' की आवाज़ आती,
और फिर अख़बार का कालम सजाती।
ओ' सुयश-दर-सुयश
बढ़ता रोज़ जाता,
फैलता बाहर
न घर में जब समाता।

बहुत ऊँची और मीनारी जगह पर–
सब जगह से दृष्टिगोचर–
तू जहाँ बैठा हुआ है
वह सिंहासन;
शेर को अधिकार
उस पर बैठने का
जो तमककर तके उसको,
ढुके,
अपने सख्त और सशक्त पंजों के सहारे
एक तीर-छलांग मारे,
और सबके देखते ही देखते
उस पर सुनिश्चित बैठ जाए,
शान से, गम्भीरता से,
हैं अशोकस्तम्भ पर ज्यों सिंह बैठे।
और क्या बैठे!
हटाने की न हो हिम्मत समय को,

और तू मत्था टिका
किन ड्योढ़ियों पर,

नाक अपनी रगड़कर
किन सीढ़ियों पर,
किन खुशामद औ' बरामद
के रज़ील बरामदों में
खीस अपनी काढ़ता,
किन चुग़लखोरी, चापलूसी के
कमीने आँगनों में,
मुँह चलाता, दुम हिलाता,
नापता दब्बू पगों से
कौन गलियारे अँधेरे
और बदबूदार, सीलन-भरे, सँकरे,
आँख दुनिया की बचाता,
इस जगह तक आ सका है,
बना चौकन्ना कि तेरे,
पाँव की आहट किसी को मिल न पाए
तब तलक जब तलक आसन पर न हो जाता सुरक्षित!

स्वाभिमानी सिंह से
यह कभी हो सकता नहीं है,
फर्रुखाबादी[1]
खड़ा औ' खुला
उसका खेल होता,
किन्तु दुनिया तो नतीजा देखती है।
सिंह का बल
स्यार के छल से पराजित,
मूल्य का विघटन यही है!

---

1. हमारे इलाहाबाद की तरफ एक कहावत कही जाती है;, खड़ा खेल फ़र्रुखाबादी' ।
अर्थ है, ऐसा काम जिसमें कोई दुराव-छिपाव न हो, जो खुले-खज़ाना किया जा
सके । इस कहावत का मूल-स्रोत क्या है, मुझे नहीं मालूम ।

     दो चट्टानें

सृजन और साँचा

एक साथ
विद्रोह और अनुराग
हृदय में अनुभव करते,
एक साथ
उल्लास और अवसाद की
खिंचन तन की शिरा-शिरा पर सहते,
एक साथ
वारिधि बाड़व का
धुआँधार दुर्द्धर्ष तुमुल संघर्ष झेलते,
सृजन-सन्तुलन की वेदी पर
बैठ बनाया था वाणी का साँचा तूने जो अब
तो वह बहु-प्रयोग से, दुरुपयोग से,
युग-प्रगति, युग-परिवर्तन से
कोर-क्षीण बेकार हो गया।

गलती की जो नहीं वक्त से
तूने तोड़ा उसे, नहीं तो
गन्दे, भद्दे, स्वार्थ-सने, युग-बेखबरे हाथों से ढल ढल
भोंड़ी, युग से कटी और व्यक्तित्व रहित
आकृतियों का अंबार न लगता।
मानवता के दिल-दिमाग पर,
जो सहस्र-दिशि खींच पड़ रही,
आज नहीं सम्भव है उनको
सारभूत कर केवल दो में
दो विपरीत दिशाओं में योजित कर देना;
और सहज सन्तुलन साध कर
एक छंद में, एक बन्द में, एक तान में गाते जाना;
और एक साँचे के अन्दर ढाल-ढालकर

एक-रूप संतान बढ़ाना।
आज सृजन सन्तुलन नहीं यति पर सम्भव है—
यमुना तट पर,
वंशी-वट पर,
बैठ नहीं अब गाया जाता,
आज आदमी चलता है आवाज़ लगाता।

सृजन आज का विद्रोही है;
जिस साँचे में ढलकर
वह बाहर आता है
उसको तोड़ दिया करता है,
सत्य आज का मरण-वरण कर
बारम्बार
जिया करता है।

मेरे जीवन का सबसे बड़ा काम

बन्द कर एलार्म
अपने डबल बेड में, खाँस करके,
'वा' गुरु की फ़तह', 'जय सियाराम' कहकर,
हम मियाँ-बीवी गए हैं बैठ उठकर;
औ चा' के लिए राधेश्याम को आवाज़ देकर,
एक लम्बी जम्भाई ले,
इस तरह कहने लगा हूँ मैं;
'तेज, मैंने रात को यह स्वप्न देखा है
कि जैसे मर गया हूँ।'
'सुबह होते ही चलाते बात कैसी!

मुझे अच्छी नहीं लगती।'
'सुनोगी भी, बड़े लोगों ने कही है,
स्वप्न मरने का दिखाई दे अगर
तो उम्र बढ़ती।'
'फिर हुआ यह
'तो सुनाएँ, क्या हुआ फिर?'
बहुत-से घने बनों,
ऊँचे पर्वतों को पार करता
स्वर्ग पहुँचा–
स्वर्ग था संसार ही-सा–
पास ही में कर्म-लेखालय बना था,
ले गया कोई वहाँ पर
फाइलों की थीं लगी ऐसी कतारें
आदि उनका, अन्त उनका था न मिलता।
क्लर्क भी थे, पर अँगरखे
पगड़ियाँ धारण किए थे।
मुख्य पद पर
चित्रगुप्त
मुकुट, सुनहले वस्त्र पहने
कलम ले बैठे हुए थे,
और जो भी आ रहा था सामने
यह कह रहा था,
        यमाय धर्मराजाय
        चित्रगुप्ताय वै नमः!
और मुझको देखकर
पूछा उन्होंने,
'प्राप्त कर चोला मनुज का
काम सबसे बड़ा तुमने
क्या किया है?'
कभी तो मैं सोचता

कह दूँ कि 'मधुशाला' लिखी है,
कभी उनके दूत का रुख देखकर मैं सोचता
कह दूँ कि 'जनगीता' बनाई:
और भी बातें बहुत-सी उठी मन में,
प्यार की, संवेदना की,
और यत्किंचित किए उपकार की भी,
किन्तु मैंने अन्त में
जो कुछ कहा वह अजब ही था—
'एक पति-पत्नी बहुत दिन से अलग थे;
एक उनको किया मैंने।'
चित्रगुप्त प्रसन्न होकर मुस्कराए
और बोले,
'अभी जाओ,
और भी उनको मिलाओ,
मेल उनमें और भी पक्का कराओ।'
बज उठा एलार्म इस पर—खुली आँखें—
स्वप्न का मतलब बताओ!'

आधुनिक निंदक

एक शरीर ने
मेरी निंदा की,
बड़ा गुस्सा आया,
चीरकर उसे धर दूँ,
पीसकर उसे पी जाऊँ!
कबीर ने समझाया,
'निंदक नेड़े राखिए,
आँगन कुटी छवाय,

बिन पानी, साबुन बिना
निर्मल राखत काय।'

किराए का घर था,
नगरपालिका का डर था,
आँगन में कुटी कैसे छवाता,
बुलाकर पास कैसे बसाता।
मिला तो उसे देख मुस्कराया,
जैसे उसपर कभी क्रोध ही न आया।
सादर उसे निमन्त्रित किया,
सिगरेट पिलाई,
मिठाई खिलाई
चाय पिलाई;
जाते समय वह मुस्कराया,
जैसे मेरे स्वागत-सत्कार के
प्रदर्शन का
कोई भेद उसने पाया।
सुना,
अपने मित्रों में उसने बताया
यह सब था दिखावा,
यह सब वह क्यों करता है,
क्योंकि मेरा वार उसे अखरता है।
यह सब है चाल-चाटुकारी
कि मैं बनूँ उसका पुजारी।
मैं भी नहीं अनारी।

पुराने आदर्शों पर
नया युग हँसता है,
जो था कभी महँगा-मूल्यवान,

माना जाता, लगता,
कितना नकली, कितना सस्ता है!

कवि से, केंचुआ

छिपकलियों, बीछियों, केंचुओं, बर्रों में रम,
जीवन की कल्पना सिसकती''
—पन्त (वाणी)

ओ समानधर्मा!—
मेरे इस सम्बोधन से
चौंक, ठिठक मत।
समय आ गया है
यथार्थ को
खुली आँख देखने,
पूर्ण भोगने,
निडर स्वीकृत करने का,
सपने को पाषाणों के अन्दर सेने का।
उन्नत पर्वत जहाँ कभी थे
वहाँ टेकरी, टीले, ढीहे,
नद-नदियों की सन्तानें
नाले-नाली हैं,
जल-प्रपात का नाती है
नलके का पानी!
यानी,
अब यह नहीं किसी से छिपा हुआ
युग लघु लोगों का—

काश, इसे आकार-प्रकारों तक
सीमित रक्खा जा सकता—
नहीं, साथ ही, यह युग
लघुता का, छोटेपन, ओछेपन का,
जिसका सबसे हीन रूप यह—
बड़े बड़ा कर औरों को
खुद बड़े हुए थे।
छोटे औरों को अपने से छोटा रखने में
छोटे से छोटे,
छोटे-से-छोटे होते जाते हैं।
अविरत क्रम है,
किसको गम है?
पूर्वज तेरे
आसमान में सिर ऊँचा रखकर चलते थे,
इन्द्रधनुष की पगड़ी बाँधे;
सूरज, चाँद, सितारे उनसे
आँख मिलाते शरमाते थे।
जब गाते थे
दिग्-दिगन्त उसकी कड़ियों को दुहराते थे,
मरु से थी रसधार निकलती,
अंधकार में सपनों के दीपक जलते थे?
बोल, तुझे इस महानगर में कौन जानता?
तेरी भी कोई हस्ती है, कौन मानता?
सीढ़ी-दर-सीढ़ी पद-क्रम की लगी हुई जो
उस पर तेरा स्थान कहाँ है?
तुझे निम्नतम से भी धक्के देनेवाले।
किसको फुरसत है तेरी वाणी सुनने की?
जीवन-यापन के उपकरण जुटा सकने में—
और उसी के लिए यहाँ सब जद्दोजहद है—
तेरे शब्द मदद क्या देंगे?

इस जन-वन में तू मुझ-सा
केंचुआ नहीं है तो फिर क्या है?—
फिर मेरे समानधर्मा कहने से
क्यों तू चौंक उठा है?
तू जितना कुंठित, आशाहत
हीन-ग्रन्थियाँ-ग्रस्त, पस्त है,
उससे तो समानधर्मा तुझको कहकर मैं
कुछ उदारता ही दिखलाता।

मुझे देख,
क्या दिया प्रकृति ने?
झिल्ली की यह नली,
प्राण का कण-भर स्पन्दन!
सब प्रकार असमर्थ
और अपदार्थ, अशोभन।
माटी डासन, माटी भोजन।
किन्तु व्यर्थ क्या मेरा जीवन?
चौमासे में जो जल बादल बरसाते हैं
वह बह जाता, सूर्य सोख लेता,
फिर धरती
आठ मास तक सूखी, प्यासी, जलती रहती,
संकट सहती।
मैं धरती में एक लगन से
छिद्र बनाता,
छिद्र बनाता, छिद्र बनाता,
जो जल ऊपर बरसा करता
लक्ष-लक्ष छिद्रों से मैं नीचे ले जाकर
संचित करता,
जो कि अनल-आतप में भी
धरती की छाती ठंडी रखता—

दो चट्टानें

भू रहती उर्वरा, मरकतांबरा,
स्निग्ध, शीतल तरुवर-छाया प्रदायिनी,
चिर-सुहासिनी!

ओ समानधर्मा,
समानकर्मा भी बन तू।
जीवन की धरती पर अब भी
जहाँ कहीं रस लहराता है,
एक लगन से
अल्प; नगण्य, अजाने रहकर,
जा, कर उसकी खोज
और शब्दों की सतहें छेद-भेद अपने छंदों के
अन्तराल में, अन्तस्तल में
संचित कर ले;
वह भविष्य-आशा का सम्बल।
तू देखेगा,
जब आएगा ग्रीष्म
सूर्य अंगार झरेगा,
लूका लेकर पवन चलेगा
गर्म धूलि नासिका रन्ध्र में
और कंठ में भर जाएगी,
दग्ध प्राण चीत्कार उठेगा
पानी! पानी!
तब प्रत्युत्तर देगी
संचित रस की वाणी—
ज्वाल उठी है,
दूर नहीं है
घन जलदानी?
तब अपने को नहीं कहेगा
व्यर्थ, निरर्थक और प्रयोजन-वंचित वाणी!

क्रुद्ध युवा बनाम क्रुद्ध वृद्ध

''हम सब नपुंसक हैं
बीसवीं सदी की
कमज़ोर, नामर्द औलादें''

सुना
कि अपने देश के
जवान लोग क्रुद्ध हैं;
सुना
कि देश की जो है
परम्परा, परिस्थिति,
वे उससे
असन्तुष्ट और रुष्ट हैं,
सुना

कि बोलते हैं ऐसी बात
खामखाह जो बुरी लगे,
औ' करते ऐसे काम
देखकर जिन्हें
अवाम आँख फाड़ दे,
ठिठक रहे।
किसी जगह,
किसी तरह,
वे दबके चलने के
बहुत खिलाफ हैं;
वे खुलके रहने,
खुलके चलने,
खुलके खेलने के
पैरोकार हैं।
वे कहते हैं,

पुरानी रस्म-रीतियों के
हम नहीं गुलाम हैं,
जहान में
नई फिज़ाएँ लाने को
विकल हैं,
बेकरार हैं!

क्रुद्ध
युवा क्या होंगे,
हम जो वृद्ध क्रुद्ध हैं।
परम्पराओं को
हममें वे मूर्त न समझें,
अपने यौवन में
हम भी उनसे झगड़े हैं।
उखड़ गए हम,
खड़ी हुई ये,
कमबख्तों की
कितनी पाएदार,
और मजबूत जड़ें हैं।
खून-पसीने से
जो कर न सके हम,
बातों से कर लेंगे;
बरखुरदार बड़े भोले हैं।
ठोस कदम क्या वे रक्खेंगे,
जो कि खोखले हैं, पोले हैं।
व्यंग्य सुगम हैं,
चुहल सरल है,
कर लें, देखें, क्या बनता है?
दम जिनमें है नहीं
टोलियों से, उच्छृंखल,
और नपुंसक-दल से कोई रण ठनता है?

तोड़-फोड़ आसान,
सृजन के लिए रक्त देना पड़ता है,
अपनी वृद्ध नसों से हम दें?
दे सकते हैं।
और देंगे भी।
हम अब भी कुछ कर सकने का साहस रखते हैं।
हम सरोष, त्यक्ताश,
        आज कुछ कर गुज़रेंगे।
हट जाएँ, हम बहुत गरम हैं!

काठ का आदमी

मैंने काठ का आदमी देखा है!
विश्वास नहीं?
काठ के उल्लू पर विश्वास है,
काठ के आदमी पर नहीं!
मैंने काठ का आदमी देखा है!

वह चलता-फिरता है,
हाथ उठाता-गिराता है,
शीश झुकाता है,
मुँह चलाता है,
आँख मटकाता है,
हँसता है, बोलता है, गाता है,
प्रेयसी को गले लगाता है।

हाड़-मांस के मनुष्य से
फर्क सिर्फ इतना है,
मंज़िल पर पहुँचकर

थकने का सुख नहीं पाता है,
पुलकित नहीं होता है।

सिर झुके सौ नहीं, हजार बार,
समर्पित नहीं होता है।

मुँह तो चलाता, पर
बात सदा दूसरे की
दूसरे के स्वर में दुहराता है।
गाता हुआ, गाता नहीं,
दूसरे को टेप किया गीत ही बजाता है।
सम्भोग करता है,
सृजन नहीं करता है,
कर नहीं पाता है!

जो कुछ कहा है मैंने, ठीक है न?
देखो, हाथ खट से उठाता है!

माँस का फर्नीचर

दिनानुदिन
दिन को रात-सा किए,
वातानुकूलित कमरे में या
बिजली के पंखे के तले,
भारी परदों से घिरा,
कुर्सी-मेज़ के बीच माँस के फर्नीचर-सा
जीवन मुझे नहीं सुहाता—

नौ-बटा-दस मोकप्पड़,
चश्मा नाक पर,
उल्लू-सा चिन्तन-रत,
बिजली की रोशनी में
रीति-बुद्ध शब्द पढ़ता,
लीक-बँधी पंक्ति लिखता,
विद्वान-सा दिखता,
कभी-कभी नज़र मार लेता
घड़ी की सुइयों पर
ड्यूटी भर पूरी कर
गाड़ी में लदकर घर जाता।
मैं चाहता हूँ
कि वह खुले में निकले
वजन उठाए, ढोए;
बोझभरी गाड़ी ठेले,
कड़ी जमीन गोड़े,
मिट्टी के ढोंके फोड़े,
नौ-बटा-दस नग्न
पोर-पोर सूरज की किरन पिए,
नस-नस जिए,
तर-तर पसीना चुए
चोटी से एड़ी तक,
मध्यान्तर जाने वह
सिर पर परछाईं जब
छोटी हो पांव छुए,
औ' जब वह क्षितिज छुए
छोटी से लम्बी हो,
काम पूर्ण,
नीड़-मुखी पंछी-सा
गाता हुआ घर जाए,

दो चट्टानें

हर-हर नहाए,
भूख कुलबुलाए,
तृप्त-शान्त सो जाए,
पूर्णकाम।

माँस के फर्नीचर को उसे देख ईर्ष्या हो,
माँस के फर्नीचर को देख, वह तरस खाए।

भुस की गठरी और हरी घास का आँगन

जी नहीं,
मेरे दिमाग में भूसा नहीं भरा है,
भूसा जड़, अँधेरी, बन्द, बुसी
कोठरियों में भरा रहता है;
मेरा दिमाग खुला है,

उसपर ताजी हवाएँ बहती हैं,
सूरज-चाँद की किरणें बिखरती हैं
उसपर बरसात झड़ती है,
घास उगती है,
घास—मरकती-सी हरी,
चिकनी, ठंडी, मर्मस्पर्शी,
आँखों को भानेवाली, जुड़ानेवाली,
तलवों को ही नहीं,
मन को भी गुदगुदानेवाली,
सबका दामन थामकर बिठलानेवाली,
जानदार है, जड़ नहीं, जड़दार है,
पकड़ है, पुकार है, मनुहार है।

तुम पशु हो तो उसे चरो,
इससे तुम्हारा पेट भरेगा,
बैठो, जुगाली करो।

प्रेमी हो तो इस प्रकार विचरो,
लेटो, सुख की इससे अच्छी सेज नहीं बनी
एक ही तरह का अनुभव करते हैं,
क्या गरीब—क्या धनी।
चिंतित हो तो इसे कुतरो,
चिन्ता कुछ घटेगी,
इसका आश्वासन नहीं देता
कि पूरी तरह कटेगी,
चिन्ताएँ कुछ और कठोर खाकर अघाती हैं।
थके हो, माँदे हो तो आओ,
इस पर बैठकर सुस्ताओ;
तुम ताज़े होकर उठोगे।

तुम ऐसे कुछ भी नहीं हो,
साधारण हो,
तो भी यह तुम्हारा आँगन है,
हरी घास पर सबके लिए आकर्षण है।

अच्छा है कि यहाँ
कली नहीं फूल नहीं,
फलों-भरी डाल नहीं;
दानों लदी बाल नहीं,
धन नहीं, धान्य नहीं।

यह सब अगर होता
तो बड़ा भार होता,

दो चट्टानें

कोई धनी कभी नहीं चैन से सोता।

तब दिमाग को घेरा जाता,
तब उसपर ताला लगता,
पहरा बैठता, स्वार्थ जागता,
बढ़ती जड़ता,
तब भुस की कोठरी
और दिमाग में क्या फर्क पड़ता?

घर उठाने का बखेड़ा

'कौन बनाए आज घरौंदा
हाथों चुन-चुन कंकड़-माटी।'
'नवीन' (हम अनिकेतन)

शत शरद जब मानवों के बीतते हैं,
देवताओं का दिवस तब एक होता;
इस तरह से देवता सौ वर्ष जीते।

शत शरद जब देवताओं के गुजरते,
दिवस ब्रह्मा का खतम तब एक होता,
और ब्रह्मा इस तरह सौ वर्ष जीते।

और ब्रह्मा के शरद शत बीतते जब,
दिवस लोमश का खतम तब एक होता;

और लोमश इस तरह सौ वर्ष जीते।

और लोमश ऋषि रहा करते धरा में खोद गड्ढा!
एक दिन उनसे किसी ने कहा,
''मुनिवर, घर बना लेते कहीं पर!''
क्वचित अन्यमनस्कता से कहा मुनि ने,
''कौन इतने अल्प जीवन के लिए
घर खड़ा करने का बखेड़ा सिर उठाए!''

मुनि विरागी ही नहीं थे,
थे बड़े व्यवहार-कुशल, बड़े हिसाबी;
एक घर यदि सौ बरस तक खड़ा रहता,
झेलता हिम, ग्रीष्म, वर्षा,
ज़रा सोचो तो कि अपने 'अल्प' जीवन में
उठाना उन्हें कितनी बार पड़ता
घर उठाने का बखेड़ा।'[1]

दयनीयता : संघर्ष : ईर्ष्या

निम्नतम स्तर पर पड़ा तू
आज है मोहताज
झंझी कोड़ियों के लिए

---

1. आपके कौतूहल को शान्त करने के लिए मैं यह बता देना चाहता हूँ कि लोमश
ऋषि को 4,86,60,43,12,50,000 (चार नील, छियासी खरब, साठ अरब,
तैंतालीस करोड़, बारह लाख, पचास हजार) मकान बनाने पड़ते!
आप चाहें तो हिसाब लगाकर देख सकते हैं। हिसाब लगाते समय इसे न भूलें
कि हर चौथे साल 365 दिन के बजाय 366 दिन का साल होता है।

दो चट्टानें

जिनका मूल्य तुझको रुपयों से अधिक,
पाई दाय में जो दीनता, जो हीनता
वह अखरती हर समय,
पर सविशेष प्रातः और सायंकाल,
जाना है कहीं संकोच,
आना किसी का संताप-लज्जापूर्ण,
सह ले सौ अभाव मनुष्य,
कैसे सहे घर में पड़े प्रियजन रुग्ण,
दूभर पथ्य और इलाज,
कैसे आत्मा अपनी बचाए,
लाज से नीचे गड़े, गड़ता न जाए,
यदि बने, परबस,
अपरिचित और परिचित
जनों की दयनीयता का पात्र।
करुणा उतरती है,
नहीं ऊपर को उठाती,
और उसपर पला करते आत्मघाती।

देश-काल-समाज, यदि कुछ भाग्य,
उसकी भी चुनौती
आज तू स्वीकारता है,
शक्तियाँ सोई जगाता
और दृढ़ संकल्प-साहस
बाँध करके मुट्ठियों में
चढ़ रहा है सीढ़ियों पर
जो कि सीधी खड़ी, ऊँची,
और जिनपर डटे पहले से
किसी भी नए के पद को
वहाँ टिकने न देते,
रोकते, बलपूर्वक धक्के लगाते,

और नीचे ठेल और ढकेल देते।
आज कुछ ऊपर अगर तू आ सका है,
पोर-पोर थकान, नस-नस पीर,
तन का नील औ' लोहू-पसीना,
काम आए हुए प्रियजन,
साक्षी संघर्ष के
जो तुझे इसके वास्ते करना पड़ा है।
व्यक्ति संघ-विधान से जब जूझता है
जीतता भी तो, बहुत कुछ टूटता है।
और ताली जीत पर बस खेल के मैदान में है,
क्षेत्र जीवन का उपेक्षा का,
लगाए धूप का चश्मा दृगों पर, बेहया,
औ' तेल डाले कान में है।
आज किसको याद है
संघर्ष की तेरी कहानी?
आज किसको याद है वह दिन
कि जब तू निम्नतम स्तर पर पड़ा था?
आज तुझसे जो पड़े नीचे
कि जो नीचे पड़े ही रह गए हैं,
समझते हैं,
नियति ने अपनी कृपा से
गोद में तुझको उठा ऊपर बिठाया—
पक्षपात किया गया है—
और तेरे प्रति अगर कुछ,
ईर्ष्या है, ईष्या ही ईर्ष्या है।

और मैं सन्ध्या समय बैठा हुआ
यह सोचता, क्या
आज का युग-व्यक्ति जीवन-क्रम
यही दयनीयता, संघर्ष, ईर्ष्या?

सहन करनी पड़ी थी दयनीयता,
संघर्ष झेला,
सही जाती नहीं ईर्ष्या,
क्योंकि किससे?
इन अकिंचन, बड़ा मूल्य वसूलकर
उपब्धियों से!
तो मनुज संकीर्ण कितना, संकुचित है,
हीन, दैन्यग्रस्त है!
अन्तर व्यथित है।

दिए की माँग

रक्त मेरा माँगते हैं।
कौन?
वे ही दीप, जिनको स्नेह से मैंने जगाया।

बड़ा अचरज हुआ
किन्तु विवेक बोलाः
आज अचरज की जगह दुनिया नहीं है,
जो असम्भव और सम्भव को विभाजित कर रही थी
रेख अब वह मिट रही है,
आँख फाड़ो और देखो
नग्न-निर्मम सामने जो आज आया।
रक्त मेरा माँगते हैं।
कौन?
वे ही दीप, जिनको स्नेह से मैंने जगाया।

वक्र भौंहें हुई

किन्तु विवेक बोला :
क्रोध ने कोई समस्या हल कभी की?
दीप चकनाचूर होकर भूमि के ऊपर पड़ा है,
तेल मिट्टी सोखती है,
वर्तिका मुँह किए काला,
बोल, तेरी आँख को यह चित्र भाया?
रक्त मेरा माँगते हैं।
कौन?
वे ही दीप, जिनको स्नेह से मैंने जगाया।

मन बड़ा ही दुखी,
किंतु विवेक चुप है।
भाग्य-चक्रों में पड़ा कितना कि मिट्टी से दिया हो,
लाख आँसू के कणों का सत्त कण भर स्नेह होता,
वर्तिका में हृदय-तंतु बटे गए थे,
प्राण ही जलता रहा है।
हाय, पावस की निशा में, दीप तुमने क्या सुनाया!
रक्त मेरा माँगते हैं।
कौन?
वे ही दीप, जिनको स्नेह से मैंने जगाया।

स्नेह सब कुछ दान,
मैंने क्या बचाया?
एक अन्तर्दाह, चाहूँ तो कभी गल-पिघल पाऊँ।
क्या बदा था, अन्त में मैं रक्त के आँसू बहाऊँ?
माँग पूरी कर चुका हूँ,
रिक्त दीपक भर चुका हूँ,
है मुझे सन्तोष मैंने आज यह ऋण भी चुकाया।
रक्त मेरा माँगते हैं।

कौन?
वे ही दीप, जिनको स्नेह से मैंने जगाया।

ऐसा क्यों करता हूँ

ओ मेरे नियंता!
जब श्रम-ताप का
दिन समाप्तप्राय है,
जब समय आ गया है
कि शाला से फुर्र से निकलकर,
उछलता-कूदता,
अपने उल्लास, उत्फुल्लता में,
जो भी आगे पड़े
उसे छोड़ता, धकियाता,
मैं अपने घर की राह लूँ,
जहाँ मेरे पूज्य पिता
मेरी प्रतीक्षा में हैं,
जहाँ मेरी प्यारी माँ
तरह-तरह के व्यंजन बना
मेरी बाट जोह रही है,
जहाँ मेरे छोटे-छोटे भाई-बहन
साथ खेलने के लिए
मेरा इन्तज़ार कर रहे हैं,
और मेरे बाल-सखा
घर के बहुत आगे
मुझे स्वागतम कहने के लिए खड़े हैं,
तब तुमने मेरे आगे

लम्बा-चौड़ा काम फैला दिया है,
और मुझे इसे सरियाकर ही
जाना है,
मैं कर भी रहा हूँ,
ध्यान भी दे रहा हूँ,
पर कभी-कभी
मुझे अपने संगी-साथियों के
पाँवों की आहट आती है,
जो अपनी-अपनी शालाओं से
छुट्टी पाकर अपने-अपने घर जा रहे हैं,
और बरबस मेरी आँखें
उन्हें गली के नुक्कड़ तक
पहुँचाने चली जाती हैं,
जहाँ से वे ओझल हो जाते हैं;
और कभी-कभी
बरबस मेरी आँखें
घड़ी की ओर चली जाती हैं।
कभी वहीं टिक भी जाती हैं।

शिवपूजन सहाय के देहावसान पर

हिन्दी का एक और महारथी,
लुप्त नहीं, प्रकट हुआ,
अविचल रहेगा सदा
अपनी जगह
अपने पूर्वजों की तरह।

वाणी का क्षेत्र है

मृत्यु यहाँ जन्म दिया करती है।
भस्म हुई काया थी,
यश-काया जलती है न मरती है,
काल-जयी युग-युग निखरती है।

वाङ्मय स्वरूप धार
खड़ा हुआ ज्यों पहाड़;
पीठ पर बहुत बड़ा साया है;
आओ नव जोधाओं,
सन्मुख बाधाओं, विरोधों का
निर्भय करो निदान,
हिन्दी की शक्ति और क्षमता का
देना तुम्हें प्रमाण!

ड्राइंग रूम में मरता हुआ गुलाब

(गजानन माधव मुक्तिबोध की स्मृति में)

गुलाब,
तू बदरंग हो गया है,
बदरूप हो गया है,
झुक गया है,
तेरा मुँह चुचुक गया है,
तू चुक गया है।
ऐसा तुझे देखकर
मेरा मन डरता है,
फूल इतना डरावना होकर मरता है!

खुशनुमा गुलदस्ते में,
सजे हुए कमरे में,
तू जब
ऋतुराज-राजदूत बना आया था,
कितना मन-भाया था—
रंग-रूप-रस-गंध-टटका,
क्षण-भर को
पंखुरी की परतों में
जैसे हो अमरत्व अटका!
कृत्रिमता देती है कितना बड़ा झटका!

तू आसमान के नीचे सोता,
तो ओस से मुँह धोता,
हवा के झोंके से झरता,
पंखुरी-पंखुरी बिखरता,

धरती पर सँवरता,
प्रकृति में मृत्यु भी है सुन्दरता।

दो रातें

(एक याद, एक आशंका)

उस दिन भी ऐसी ही
क्रुद्ध, काली, डरावनी,
फुफकारती-सी रात थी;
घुप्प, घिरा, भरा, भरमाया
आसमान था—
रह-रहकर चमकता,
रह-रहकर कड़कता,

टूटता, गूँजता, गरजता,
अखंड धारा बरसता;
बहुत था खतरा
कि टूट पड़ता छप्पर,
कि भस जातीं दीवारें,
कि भर आता पानी,
मगर थी जवानी,
मुझे उसकी बाँहों का,
उसे मेरी बाँहों का,
कितना था भरोसा।

आज भी वैसी ही
अन्धेरी रात है,
विवश पड़ी धरती पर
गगन का उत्पात है,
वायु का प्रकोप है,
ऊपर घटाटोप है,
बिजली की कड़क है,
बादल की झड़प है,
पानी की छप-छप है,
घर तो सुरक्षित है
पर अपना ही डर है,
देह जर्जर है,
खाँसी जोर पर है;
कभी उसने, कभी मैंने
नारायण का नाम लिया,
कभी मैंने, कभी उसने
समय को कोसा!

जीवन-परीक्षा

जिन्दगी तो इम्तहाँ-दर-इम्तहाँ है।

एक   दिन मुझको   परीक्षा
मौत की माता लगी थी
और परचे पर छपी लिपि
दंड की गाथा लगी थी
गृद्ध-सा   बैठा   निरीक्षक
काल था साकार मुझको,
थी गनीमत यह कि घड़ियाँ
पर लगा करके भगी थीं,
औ’ परीक्षक नियति का
हथियार था कोई अजाना,
कल्पना सौ बार दिन में
पूछती थी, वह निठुर कैसा, कहाँ है!
जिन्दगी तो इम्तहाँ-दर-इम्तहाँ है।

और कितनी बार ऐसी
साँसतों की दी परीक्षा,
और कितनी बार की
परिणाम की धुक-पुक प्रतीक्षा,
जो हुआ   अच्छा-बुरा सब
झेल कहने का समय भी
एक दिन आया कि होनी
हो चुकी शिक्षा व दीक्षा;
किन्तु अपनी भूल भारी
तब हुई मालूम सहसा
जब कि जाना जिन्दगी सारी
परीक्षा औ’ परीक्षक सब जहाँ है।
जिन्दगी तो इम्तहाँ-दर-इम्तहाँ है।

दो चट्टानें

और   देते   ये   परीक्षाएँ
उमर   ही   कट   गई   है,
हिचकिचाहट,   भीति,   शंका
सब   तरह   की   हट   गई   है,
      औ' नतीजे   के   लिए   होता
      नहीं   चंचल-विकल   मन,
सफलता   औ'   विफलता   के
बीच   दूरी   घट   गई   है;
      किन्तु   निश्चित   जानता   हूँ
      क्रम   नहीं   यह   टूटने   का
जब   तलक   सम्बन्ध   साँसों
      से   जुड़ा   है, जब   तलक   रहना   यहाँ   है ।
      जिन्दगी   तो   इम्तहाँ-दर-इम्तहाँ   है ।

वह   परीक्षा   कौन   जिसकी
सब   परीक्षाएँ   तयारी,
और   देने   में   जिसे   मिट
जाएगी   काया   बिचारी ?
      जान   पाएंगे   कभी
      परिणाम   मेरे   बाद   वाले ?
और   टूटेगी   कि   टूटेगी
नहीं   मेरी   खुमारी ?
      जो   परीक्षा   पूर्व   मेरे
      दे   गए   थे, वे   बने   हैं
एक   अबूझ   रहस्य, उनकी-सी
      तुम्हारी   और   मेरी   दास्ताँ   है ।
      जिन्दगी   तो   इम्तहाँ-दर-इम्तहाँ   है ।

आभास

जान पड़ता है कि मंजिल पास।
''क्या दिखाई दे रहा है ध्वज शिखर का,
कलश, मन्दिर का कँगूरा...?''
नहीं, कुछ भी नहीं ऐसा,
आँख की बैसाखियों का ले सहारा
चल सकेगा कब तलक विश्वास!
देश-काल-तिमिर-विदारक
ज्ञान का तप-चक्षु
मस्तक पर न मेरे खुल सका
सम्मोह को, सन्देह को जो क्षार कर दे,
अभय वर दे।
पर हृदय की आँख मेरी खुली,
जो अनुभूति के करुणा-कणों से धुली।
सब कुछ आग ही है नहीं,
पानी भी बहुत कुछ।
ओस में आकाश बिम्बित,
अश्रुओं में स्नात सब कुछ
स्वच्छ, निर्मल, स्वस्थ, निश्चित।
जान पड़ता है कि मंज़िल पास,
इसलिए कहता नहीं हूँ
पाँव मेरे थक गए हैं;
बल्कि इस कारण कि अब
मेरे पगों की
सब थकावट मिट गई है;
कहीं सुस्ताने, ठहरने का नहीं ये नाम लेते,

रोक जैसे बस इन्हें मंजिल सकेगी।

पंथ के कुश-कंटकों औ'
क्रूर कंकड़-पत्थरों ने
जो किए थे घाव निर्मम
आज मुझको वे पुरे-से लग रहे हैं।
दर्द पीड़ा, टीस गायब;
अब किसी से या किसी भी तरह की,
सच, है नहीं मुझको शिकायत।

बूँद के आघात,
काया-स्वेद-कण से
भीगकर जो कामरी भारी हुई थी
सूख सहसा आज हल्की,
इस कदर, गर खिसककर गिर जाय,
मुझको पता शायद ही लगेगा।

और दो बूँदें हृदय में आँसुओं की,
आखिरी,
जो इसलिए मैंने बचाई थीं, जुगाईं,
देवता के पाद-पद्मों में धरूँगा—
यदि कभी अवसर मिला तो—
नयन-कोरों पर करकती औ' सरकती
आ गईं, अटकी हुई हैं।
और दिल की धड़कनें कहतीं कि मंज़िल पास!
        कर विश्वास,
        कर विश्वास!

एक फ़िकर—एक डर

यही घड़ी है बन्धु,
दिल को कड़ा करने की,
यह घड़ी है नहीं, भाई,
याद करने की—
स्वेद-श्रम की धार
रोम-कूपों से निकलती,
देह के ऊपर सरकती;
और अन्तर में करकती;
फेन मुख से विवश निर्गत;
पन्थ के कुश-कंकड़ों की पत्थरों की
चुभन, धसन, कठोर-ठोकर से
बहा जो खून,
तलवों, उंगलियों से,
सना मिट्टी से, जमा,
सूखा, बिथा-काला पड़ा;
नस-नस चटकती-सी;
हिली-सी हर एक हड्डी;
और मन टूटा-गिरा-सा;
और छुट्टी हुई हिम्मत;
और हारी-सी तबीयत;—
यह घड़ी है नहीं
यह सब याद करने की,
यह घड़ी है, बन्धु,
दिल को कड़ा करने की।

जहाँ पहुँचा हूँ
वहाँ पर पहुँचने को
कब चला था?

दो चट्टानें

ग़लत पथ पर लगा
या मुझको लगाया ही
ग़लत पथ पर गया था?
दोष मेरा था?
कि मेरे भाग्य का?
या मार्ग-दर्शक अँग्रेजों का?
या समय का?
या किसी अज्ञात का ही?
यह घड़ी है नहीं
यह सब सोचने की—
अब नहीं ताकत
उँगलियों में
दिमाग़ खरोचने की—
घड़ी, फिर भी बन्धु,
दिल को कड़ा रखने की।

यात्रा पूरी हुई
या नहीं?—
इसको कौन निश्चय से बताए,
किन्तु यात्री
आज पूरा हो चुका है।
शक्ति जितने दम-क़दम की,
क़सम से,
पाई, कमाई,
अधिक उनसे रख चुका हूँ।
इसलिए मेरे लिए तो
यही मंज़िल—
जो परिस्थिति ही नहीं है,
मनःस्थिति भी—
सफ़र बाहर,

और उससे कम नहीं
अंदर चला था।
और मंज़िल, जिस तरह की भी,
मुझे मन भा रही है।

सफ़र लम्बा इस क़दर निकला—
बड़ा खुश हूँ—
कि जो कुछ भी सँजोया
भार इतना लगा,
हल्का हुआ
उसको फेंक-फाँक, उतार कर ही।
कटा अपने-आप फंदा,
आज बंदा है छरिंदा!
और मेरी राह मुश्किल—
बड़ा खुश हूँ—
इस कदर निकली कि साथी
साथ अपने-आप मेरा छोड़ भागे—
यह नहीं आसान धंधा—
कटा अपने-आप फंदा,
आज बन्दा है छरिंदा!
पंथ है या मुक्त नभ है,
द्विपद हूँ या हूँ परिंदा!

एक ही मुझको फिकर है,
और कम उसका न डर है,—
जिन पथों-पगडंडियों को
गीत से अपने गुँजाता मैं चला था,
आज उठ उनसे प्रतिध्वनि आ रही है
और मेरा दिल कड़ा जो हो चला था
फिर उसे पिघला रही है!

दो चट्टानें

यह उसे पिघला न दे रे,
विगत सुधि में ढलें अन्तिम क्षण न मेरे
जब अनागत मुझे टेरे!

माली की साँझ

मुझे जो ज़मीन मिली—
पसन्द कर किसने ली?—
उसे मैंने गोड़ा,
खाद डाली, बीज डाले, सींचा,
भविष्य के सपनों का
      नक़्शा खींचा,
जब ठीक न उतरा
फिर गोड़ा, फिर बीजा, सींचा, फिर खींचा,
थका, हारा, मरा, जिया,
जो किया गया किया—रात दिन—
लेकिन
मेरे लगाए हुए...
न ताड़ हुए,
न बरगद,
न कदम्ब,
न अंब और महुए।
मेरे लगाए हुए...

ताड़, जो दूर से दिखते,
    दिग्निर्देश करते;
बट, जो सघन पत्र-छाया से

बटोही की थकन हरते;
कदम्ब, जो पुष्पों के गुच्छों से
        आँखों के काँटे निकालते;
अंब, जो अपने फलों से
        तन की क्षुधा हरते,
        मन को तृप्त करते;
महुए, जो अपने मधु तोय में
        कुछ कटुता कुछ कुंठा डुबा लेते।

न कुछ अर्जित हुआ,
न कुछ अर्पित हुआ,
न दुआ सुनी, न शुक्रिया,
न गर्व ने छेड़ा,
न संतोष ने छुआ,
और अब आई खड़ी जीवन की साँझ है।

कभी बीज निगल गई
        ज़मीन हृदयहीन, कठोर,
कभी नए अँखुओं पर
आसमान हुआ निर्मम,
कभी उठते पौधों के
प्रतिकूल हुआ मौसम,
कभी खा-खूँद गए
        सहज भाव से गुज़रते हुए ढोर,
कभी जान-बूझकर
ईर्ष्या और द्वेष भी दिखाते रहे ज़ोर
        कभी शहज़ोरी,
        कभी चोराचोरी।
जीवन की श्रम-स्वेद से भरी दुपहरी ने
सबकी चुनौती ली,

किन्तु अब पी ली, पी ली,
आई खड़ी जीवन की साँझ है;
चुका-चुका आज है;
किन्तु कहीं दूर से आती आवाज़ है—
थकी-लटी मिट्टी से अच्छी
नहीं खाद हुआ करती है,
जो न हुए सच्चे उन सपनों से अच्छे
नहीं बीज हुआ करते हैं,
आँसू से सिंचे हुए निश्चय ही
एक दिन उभरते हैं,
सब कर ले, श्रम न हज़म
कर सकती धरती है,
मरने को जीते जो
जीने को मरते हैं,
निशा-कालिमा समेट
प्रात बन बिखरते हैं,
सबसे यह बढ़कर है,
अपने अनुदान से
अनजान बने रहते हैं,
पृथ्वी पर अहं की ये
वृद्धि नहीं करते हैं।

दो युगों में

(एक तुलना : एक असंतोष : एक संतोष)

एक युग ने
प्रथम रश्मि का स्वागत किया

और अपने मधुर-मधुर तप के
बल पर
उसे स्वर्ण किरण में बदल दिया।
एक युग ने

सूर्य का स्वागत किया
पर जब वह मार्तंड हुआ,
प्रचण्ड हुआ, प्रखर हुआ,
तब उसने डरकर धूप का चश्मा लगाया,
घबराकर अपने को किसी कोने में छिपा लिया।

मैं प्रथम रश्मि के आँगन में खेला,
स्वर्ण किरण में नहाया,
पूत हुआ;
सूर्य निकला
तो मैंने काम में हाथ लगाया,
कंठ से राग उठाया।
मार्तंड तपा
तो मैंने उसे सहा,
बहुत स्वेद बहा,
पर मैं लगा रहा।
और अब मेरा दिन ढलता है,
मेरे जैसों के श्रम से,
संगीत से, कहाँ कुछ बदलता है;
पर इतना भी क्या कम है
कि जब मेरा तन श्रांत है,
मेरा मन शान्त है।

दो चट्टानें

दो बजनिए

''हमारी तो कभी शादी ही न हुई,
न कभी बारात सजी,
न कभी दुल्हन आई,
न घर पर बधाई बजी,
हम तो इस जीवन में क्वारे ही रह गए।''

दुल्हन को साथ लिए लौटी बारात को
दूल्हें के घर पर लाकर,
एक बार पूरे जोश, पूरे ज़ोर-शोर से
बाजों को बजाकर,
आधी रात सोए हुए लोगों को जगाकर
बैंड विदा हो गया।

अलग-अलग हो चले बजनिए,
मौन-थके बाजों को काँधे पर लादे हुए,
सूनी अँधेरी, अलसाई हुई राहों से।
ताज औ' सिराज चले साथ-साथ—
दोनों की ढली उमर;
थोड़े-से पके बाल,
थोड़ी-सी झुकी कमर—

दोनों थे एकाकी,
डेरा था एक ही
दोनों ने रंगी-चुँगी, चमकदार
वर्दी उतार खूँटी पर टाँग दी,
मैली-सी तहमित लगा ली,
बीड़ी सुलगा ली,

और चित्त लेट गए ढीली पड़ी खाटों पर।

लम्बी-सी साँस ली सिराज ने—
''हमारी तो कभी शादी ही न हुई,
न कभी बारात चढ़ी,
न कभी दुल्हन आई,
न घर पर बधाई बजी,
हम तो इस जीवन में क्वारे ही रह गए।
दूसरों की खुशी में खुशियाँ मनाते रहे,
दूसरों की बारात में बस बाजा बजाते रहे!
हम तो इस जीवन में...''

ताज सुनता रहा,
फिर ज़रा खाँस कर
बैठ गया खाट पर,
और कहने लगा—
''दुनिया बड़ी ओछी है;
औरों को खुश देख
लोग कुढ़ा करते हैं,
मातम मनाते हैं, जलते हैं, मरते हैं।
हमने तो औरों की खुशियों में
खुशियाँ मनाई हैं।
काहे का पछतावा?
कौन की बुराई है?
लोग बड़े बेहया हैं;
अपनी बारात का बाजा खुद बजाते हैं,
अपना गीत गाते हैं;
शुक्र है कि औरों की बारात का ही
बाजा हम बजाते रहे,
दूल्हे मियाँ बनने से सदा शरमाते रहे;

दो चट्टानें

मेहनत से कमाते रहे,
मेहनत का खाते रहे;
मालिक ने जो भी किया,
          जो भी दिया,
उसका गुन गाते रहे।

भिगाए जा, रे...

भीग चुकी अब जब सब सारी
          जितना चाह भिगाए जा, रे!
आँखों में तस्वीर कि सारी
सूखी-सूखी, साफ अदागी,
पड़नी थी दो छींट छटककर
मैं तेरी छाया से भागी!
          बचती तो जड़ हठ, कुंठा की
          अभिमानी गठरी बन जाती;
भाग रहा था तन, मन कहता
          जाता था, पिछुआए जा, रे!
भीग चुकी अब जब सब सारी,
जितना चाह भिगाए जा, रे!

सब रंगों का मेल कि मेरी
उजली-उजली सारी काली
और नहीं गुन ज्ञात कि जिससे
काली को कर दूँ उजियाली;
          डर के घर में लापरवाही,
          निर्भयता का मोल बड़ा है;

अब जो तेरे मन को भाए
  तू वह रंग चढ़ाए जा, रे!
भीग चुकी अब जब सब सारी,
  जितना चाह भिगाए जा, रे!

कठिन कहाँ था गीला करना,
रँग देना इस बसन; बदन को
मैं तो तब जानूं रस-रंजित
कर दे जब तू मेरे मन को,
  तेरी पिचकारी में वह रँग
  वह गुलाल तेरी झोरी में
हो तो तू घर, आँगन, भीतर,
  बाहर फाग मचाए जा, रे!
भीग चुकी अब जब सब सारी,
  जितना चाह भिगाए जा, रे!

मेरे हाथ नहीं पिचकारी
और न मेरे काँधे झोरी
और न मुझमें है बल, साहस,
तेरे साथ करूँ बरजोरी,
  क्या तेरी गलियों में होली
  एकतरफ़ी खेली जाती है?
आकर मेरे आलिंगन में
मेरे रंग रँगाए जा, रे!
भीग चुकी अब जब सब सारी,
  जितना चाह भिगाए जा, रे!

दो चट्टानें

मुक्ति के लिए विद्रोह

ओ भाग्य-भगिनियो!
तुमने जो देश-काल का जाल
बुना है, फेंका है, फैलाया है
उसके अन्दर
धरती, सूरज, चाँद, सितारे—
सब फँस गए हैं।

जिस दिन पहले-पहल
तुम्हारे इस छल का भेद खुला होगा,
सूरज आग-बबूला हो गया होगा,
धरती बहुत भन्नाई होगी,
चाँद मुँह फुलाकर बैठ गया होगा,
तारों की आँखें डबडबाई होंगी।

पर उनका क्या बस चला होगा,
तुम्हारा दिल कहाँ पिघला होगा,
तुमने जाल को और खींचा-कसा होगा,
खूंख्वार को पालतू बनाया होगा,
रूठे को मनाया होगा,
उदास को फुसलाया होगा,
और अपनी चाल की सफलता पर मुसकराई होगी;
मर्यादा में सबको बाँधा होगा,
कायदे पर चलाया होगा।
उसकी सन्तान क्या ध्यान में आई होगी!

लेकिन सूरज ने जो दबाया,
चाँद ने जो भुलाया,
धरती ने जो सह लिया,
सितारों ने जो भीतर-भीतर पिया,

वही है सब जड़ रूढ़ि-रीति-नीति-नियम-निगड़ के समक्ष
मेरे हृदय में ऊहापोह,
मेरे मस्तिष्क में उद्वेलन,
मेरे प्राणों में उज्ज्वलन,
मेरे चेतन का मुक्ति के लिए विद्रोह!

सार्त्र के नोबेल-पुरस्कार ठुकरा देने पर
(हिन्दी के बुद्धिजीवियों की सेवा में)

समवयस्क,
समानधर्मा,
और मेरी धृष्टता यदि हो क्षमा,
कुछ अंश में
समदृष्टि तुझको और अपने को
हृदय से मानता मैं;
सुन इसे कुछ मित्र
और कुछ शत्रु मेरे
आज चौंकेंगे,
कहाँ अस्तित्ववादी, कहाँ बच्चन!
कहाँ नास्तिक, बुद्धिवादी, अविश्वासी,
कहाँ आस्तिक और भावातिशयवादी
और कुछ अस्पष्ट, कुछ अज्ञात,
कुछ अव्यक्त का विश्वास-कर्त्ता!—
भ्रांतियाँ हैं विविध दोनों के विषय में—
रहें, तेरा और मेरा क्या बिगड़ता—
बीज है अस्तित्व का व्यक्तित्व
जिसके गीत मैंने

कम नहीं गाए, सुनाए—
व्यक्ति की अनुभूति के,
अधिकार के,
उन्मुक्ति के,
स्वातन्त्र्य के,
दायित्व के भी,
व्यक्ति है यदि नहीं निर्जन का निवासी।

अनृत, मिथ्या, रूढ़ि, रीति, प्रथा, व्यवस्था,
नीति, मृत आदर्श के प्रति अविश्वासी,
पूर्ण,
बन में भी चला था;
किन्तु देखा इसे मैंने
अविश्वासी को नहीं आधार अंतिम प्राप्त होता।
एक दिन मैं
अविश्वासों के प्रति अविश्वासी बना था—
वृत्त पूरा हो गया था,

छोर ने मुड़कर सिरे को छू लिया था,
जिस तरह से पूँछ ने फन—
इस तरह विश्वास की
अव्यक्त कुछ, अज्ञात कुछ,
अस्पष्ट कुछ, रहसिल शिराएँ छू रहा हूँ।

एक दिन देखा इसे भी,
अन्ततः जो हूँ
तथा जो सोचता हूँ,
बोलता हूँ, कर रहा हूँ,
प्रकृति और प्रवृत्ति अपनी वर्तता हूँ—
भाव भव का भोगता हूँ—
बुद्धि तो केवल दुहाई दे रही है,

सिद्ध करती इन सबों को
तथ्य-संगत, तर्क-संगत, न्याय संगत!
और ये सब हैं अपेक्षाकृत असंगत।
फर्क तुझमें और मुझमें सिर्फ इतना।
व्यक्ति मेरे लिए भी अंतिम इकाई,
और उसके सामने संसार सारा,
धर्म, रूढ़ समाज, शासन-तंत्र सारा
प्रकृति सारी, नियति सारी,
देश सारा, काल सारा;
और उसको
एक, बस अस्तित्व का अपने, सहारा;
गो मुझे आभास होता है
कि अपने में
कहीं पर और का भी है पसारा;
किन्तु, यदि हो भी न तो भी
व्यक्ति मेरा नहीं हारा!
व्यक्ति मेरा नहीं हारा!!
नहीं हारा!!!
कौन उससे जो न जा सकता प्रचारा?
(और उसमें सम्मिलित है 'और' ऊपर का हमारा)

औ' उसी की शत्रु बन
उसको दमित, कुंठित, पराजित,
दलित करने की गरज़ से
शक्तियाँ जो पश्चिमी जग में उठी थीं
क्रूर तानाशाहियत की
और दुर्दम, भेद-पूर्ण समूहशाही,
बन्धु, उनके सामने डटकर अकेले
मोरचा तूने लिया था,
शस्त्र सबसे सबल,

सबसे स्वल्प लेकर लेखनी का!

और तुझसे पा सुरक्षा-आश्वासन
पश्चिमी संसार का पूरब व पश्चिम
हुआ था तुझपर निछावर,
विनत प्रतिभापूर्ण तेरे युग चरण पर।
और पेरिस-मास्को ने
तुझे गुलदस्ते दिए थे,
किन्तु लेने से किया इन्कार तूने,
क्योंकि निज-निज स्वार्थ का
आरोप दोनों,
सार्त्र तुझपर कर रहे थे।

बात यह थी—
व्यष्टि की लेकर इकाई
था उसे तूने बड़ा व्यापक बनाया,
किन्तु उसकी एक सीमा भी बनाई,
जिस जगह पर पा समष्टि
बने दहाई वह इकाई—
हो भले ही मूल्य शून्य
समष्टि का तेरी नज़र में—
गो मुझे आभास होता है,
कि मेरा व्यष्टि केवल शून्य,
उसका मूल्य लगता है
उसे मिल जाय जब
अस्पष्ट की, अज्ञात की
अव्यक्त सत्ता की दहाई!
(शून्य, जिससे मूल्य बढ़ता,
कम नहीं उसकी महत्ता।)
द्रविड़ प्राणायाम है यह

गणित-अंकों का विनोदी,
वस्तुतः व्यवहार में हम
एक ही कुछ कह रहे हैं,
फारमूलों में कभी बँधता न जीवन,
शब्द-संख्या फारमूले ही नहीं तो और क्या हैं?
तथ्य केवल,
व्यष्टि, करके मुख्यता भी प्राप्त
अपने-आप में सब कुछ नहीं है।

पूर्व को स्वाधीनता है।
व्याख्या अपनी उसे दे
और पश्चिम को यही स्वाधीनता है।

देख, लेकिन,
क्या हुआ परिणाम,
क्या उपयोग उसका
युग-शिविर में?

पूर्व-पश्चिम
शून्य-कंदुक-दशमलव का
व्यष्टि के—तेरी प्रतिष्ठित जो इकाई—
कभी आगे, कभी पीछे फेंकते हैं
और अचरज-चकित
उनको देखता तू
और तुझको देखते वे।
सिद्धि प्रतिभा तो वही है
सामने जिसके निखिल संसार
मुँह बाए खड़ा हो!

जब तुझे आकर्ष

औ' सम्मान और स्नेह
जनता का मिला था,
क्या ज़रूरत थी तुझे, तू
विश्वविद्यालयी
या कि अकादमीवी
या कि सरकारी
समादर, पुरस्कार, उपाधि की
परवाह करता।
वे रहे आते लुभाते तुझे,
पर दुत्कारता उनको रहा तू।

विश्वविद्यालय बँधे हैं
विगत मूल्य परम्परा में—
तू रहा जिनका विरोधी—
और अब तो बिक रहे वे,
राजनीति खरीदती है।
आज उनकी डिग्रियाँ—आनरिस काज़ा—
योग्यता के लिए
प्रतिभावान को अर्पित न होतीं,
कूटनीतिक कारणों से
दी, दिलाई और पाई जा रही हैं।

औ' अकादमियाँ
समय-जर्जरित, जड-हठ-हूश,
दक़ियानूस,
सिद्धान्तों-विचारों के जरठ अड्डे रही हैं,
और अब वे
स्वार्थ-साधक, चालबाज, प्रचारकामी
क्षुद्रताओं की बड़ी दुर्भेद्य गढ़ियां,
और उनके प्रति सदा
विद्रोह तू करता रहा है,

और उनकी भर्त्सना भी।

और सरकारें कभी होती नहीं
पाबंद
सच की, न्याय, नैतिकता, उचित की;
उचित-अनुचित,
जो बनाए रहे उनकी अडिग सत्ता,
बे-हिचक, बे-झिझक है करणीय उनको।
शक्ति-साधन आज वे सम्पन्न इतनी,
कौन निर्णय है जिसे वे
निबल व्यष्टि-समष्टि-सिर पर
लाद या लदवा न सकतीं?—
औ' कहीं तो वे
उठाईगीर, चोरों औ' उचक्कों के करों के
सूत की कठपुतलियाँ हैं,
जो कि अपने मौसियाउर भाइयों को,
या भतीजों, भानजों को,
चाहतीं जो भी दिलातीं,
चाहतीं जितना उठातीं,
चाहतीं जिस पद-सिंहासन पर बिठातीं।
डोरियाँ वे, किन्तु, प्रतिभा की कलम को
नचा या नचवा न पातीं

ओसलो की
एक संस्था थी,
अगर निष्पक्षता की
आन वह अपनी निभाती,
मान तेरा कर स्वयं हो मान्य जाती;
किन्तु अब वह
युग-विकृति-वश

पक्षधर शासन-व्यवस्था की
शिकार बनी हुई है—
नाम पास्तरनाक का बरबस मुझे हो याद आया।

आज उसने मान देने का
तुझे निर्णय किया है,
और तूने मान वह ठुकरा दिया है,
और इस पर कुछ नहीं अचरज मुझे है।

सार्त्र,
उसके मान का यदि पात्र तू था,
आज से बारह बरस पहले
नहीं क्या बन चुका था?
उस समय
योरोप में था मैं,
वहाँ के बुद्धिजीवी दिग्गजों में
नाम तेरा शृंग पर था।
आज मैं यह सोचता,
बारह बरस तक
ओसलो सोता रहा क्यों?
और इस सम्मान से
वंचित तुझे रखता रहा क्यों?
और यह सम्मान
तुझसे बहुत छोटों को
समर्पित—भूल तेरा नाम—
ग्यारह साल तक करता रहा क्यों?

देखता क्या वह नहीं था
निज प्रतिष्ठित इकाई के
किस तरफ तू

शून्य-कंदुक-दशमलव रखने लगा है,
वाम या दक्षिण तरफ
संवेदना तेरी झुकी है,
किन्तु तू स्थितप्रज्ञ-सा
कूटस्थ-सा बैठा रहा है,
पूर्व-पश्चिम के लिए
बनकर समस्या,
हल न जिसका!
और अपनी भूल,
अपनी हार,
अब स्वीकार कर वह
विवश होकर
मान यह देने चला है।
किन्तु लेने के लिए अब देर ज़्यादा हो चुकी है।
संस्थाएँ—हों भले ही विश्व-वंदित—
यह नहीं अधिकार उनको—
क्योंकि उनके पास धन-बल—
जिस समय चाहें दिखाएँ मान-टुकड़ा
और प्रतिभा दुम हिलाती
दौड़ उनके पाँव चाटे!

सार्त्र ने जिस 'व्यक्ति' का आदर बढ़ाया,
शान के अनुरूप उसके यह नहीं
वह बेच डाले स्वाभिमान
खरीदने को मान,
उसका मूल्य कितना ही बड़ा हो
क्यों न जग में।
समय से सम्मान उसका
न करना, अपमान करने के बराबर,
और अपमानित हुई प्रतिभा

नहीं आपात-वृत्तिक मान से सन्तुष्ट होती।
सार्त्र को सम्मान देकर
स्थान देने का समय अब जा चुका है—
मान, या अवमानना अथवा उपेक्षा,
इस समय पर
इंच भर नीचे गिरा सकती न उसको।

साठ के नजदीक अब तू और मैं भी;
इस उमर में पहुँच
जीवन-मान सारे बदल जाते,
मान औ' अपमान खोते अर्थ अपना,
कर चुका अभिव्यक्त जब व्यक्तित्त्व
सब सामर्थ्य अपना?

कल्पना मैं कर रहा हूँ,
किसी पेरिस की सड़क पर
किसी कैफे में,
अकेले,
हाथ टेके मेज पर बैठा हुआ तू,
और तेरी उँगलियों में
एक सिगरेट जल रही है,
देखता निरपेक्ष तू
बाज़ार की रँगरेलियों को!
खबर आई है कि तुझको
ओसलो का पुरस्कार दिया गया
साहित्य-विषयक!
और अन्यमनस्कता से
झाड़कर सिगरेट
तूने सिर्फ इतना ही कहा है—
'वह नहीं स्वीकार मुझको।'

मित्र, लेखक बन्धु, प्रेस-रिपोर्टर,
तुझको मनाने में सफल हो नहीं पाए जो,
निराश चले गए हैं,
और लेकर कार तू
है दूर जाता भीड़ से, अज्ञात पथ पर,
गीत शायद एक मेरा गुनगुनाता,
शब्द हों कुछ दूसरे
            पर भाव तो निश्चय यही है,
            ''जिन चीजों की चाह मुझे थी,
            जिनकी कुछ परवाह मुझे थी,
दीं न समय से तूने, असमय क्या ले उन्हें करूँगा!
            कुछ भी आज नहीं मैं लूँगा!''

और अब
संसार में तेरी प्रतिष्ठा
पुरस्काराभिषेकितों से बढ़ गई है।
कलम की महनीयता
स्थापित हुई,
स्वाधीनता रक्षित हुई है
औ' कलम को मिली ऊँचाई नई है।
आइरिश कवि की लिखी
यह पंक्ति
स्मृति में कौंधी जाती—
''द किंग्स आर नेवर मोर रूवायल
दैन ब्हेन ऐबडिकेटिंग!''—
राजसी लगता अधिकतम
जबकि राजा
राज-सिंहासन स्वयं ही त्याग देता!
जन तथा सज्जन बिठाएँ
उर-सिंहासन पर जिसे
उसके लिए कंचन-सिंहासन धूलि-मिट्टी।

दो चट्टानें

जन समर्पित

शब्द-शिल्पी के लिए

आसन उचित केवल वही,

       केवल वही,

       केवल वही है,

इसी को कुछ अन्य शब्दों में

हमारे पूज्य बाबा कह गए हैं—

''बनै तो रघुपति से बनै

       कै बिगड़ै भरपूर,

'तुलसी' बनै जो आनतें

       ता बनिबे पै धूर।''

और 'रघुपति' कौन हैं?—

केवल वही हैं

जो कि 'हैं 'व्यक्तित्व' की तेरे,

इकाई

जो दहाई, सैकड़े,

सौ सैकड़ों के सामने

अपनी इकाई मात्र के बल

खड़े होते,

कड़े होते,

थापते रुचि-रक्ति अपनी

सबों को देते चुनौती,

आत्म-सम्मान, आत्म-रक्षा के लिए

करके सतत संघर्ष,

लड़ते आत्मवानों की लड़ाई,

नभ विचुंबित हो भले ही,

हों भले ही धराशायी!

जयतु रघुराई, जयतु श्री राम रघुराई!—

धरती की सुगंध

आज मैं पतझार की
जिन गिरी, सूखी, मुड़ी, पीली पत्तियों पर
चर्र-चरमर चल रहा हूँ
वे पताकाएँ कभी मधुमास की थीं,
मृत्यु पर जीवन,
प्रलय पर सृष्टि का,
या नाश पर निर्माण का
जयघोष करती—हरी, चिकनी, नई
नीची डाल से धुर टुनगुनी तक लगी, छाई,
चाँद-सूरज-किरणमाला की खेलाई,
पवन के झूले झुलाई,
मेघ नहलाई,
पिकी के कूक-स्वर से थरथराई,
सुमन-सौरभ से बसाई।

नील निःसीमित गगन का
नित्य दुलराया हुआ यह विभव,
यह शृंगार,
जब से सृष्टि बिरची गई
कितनी बार
धरती पर गिरा है,
और माटी में मिला है,
औ' उसी में भिन गया है!

ओ विभूति-वसुंधरा,
मुझको ज़रा अचरज नहीं
इतनी विचित्र विमोहिनी तू,
और इतनी उर्वरा है,
और कण प्रत्येक तेरा

राग-लय से भरा,
तेरी गंध
अपरा है, परा है।
जो कि तेरी गंध से भी
जी न उठता, गुनगुना पड़ता न
सचमुच ही मरा है।

शब्द-शर

लक्ष्य-बेधी
शब्द-शर बरसा,
मुझे निश्चय सुदृढ़,
यह समर जीवन का
न जीता जा सकेगा।

शब्द-संकुल उर्वरा सारी धरा है;
उखाड़ो, काटो, चलाओ—
किसी पर कुछ भी नहीं प्रतिबन्ध
इतना कष्ट भी करना नहीं,
सबको खुला खलिहान का है कोष—
अतुल, अमाप और अनन्त।

शत्रु जीवन के, जगत के,
दैत्य अचलाकार
अडिग खड़े हुए हैं;
कान इनके विवर इतने बड़े
अगणित शब्द-शर नित
पैठते हैं एक से औ'
दूसरे से निकल जाते।

रोम भी उनका न दुखता या कि झड़ता
और लाचारी, निराशा, क्लैव्य-कुंठा का तमाशा
देखना ही नित्य पड़ता।

कब तलक,
औ' कब तलक,
यह लेखनी की जीभ की
असमर्थता
निज भाग्य पर रोती रहेगी?
कब तलक,
ओ कब तलक,
अपमान औ' उपहासकर
ऐसी उपेक्षा शब्द की होती रहेगी?
तब तलक,
जब तक न होगी
जीभ मुखिया
वज्रदंत, निशंक मुख की;
मुख न होगा
गगन-गर्वीले, समुन्नत-भाल
सर का;
सर न होगा
सिन्धु की गहराइयों से
धड़कने वाले हृदय से युक्त
धड़ का;
धड़ न होगा
उन भुजाओं का
 कि जो हैं एक पर
संजीवनी का शृंग साधे,
एक में विध्वंस-व्यग्र
गदा समाधे,
उन पगों का–

अंगदी विश्वासवाले—
जो कि नीचे को पड़ें तो
भूमि काँपे
और ऊपर को उठें
तो देखते ही देखते
त्रैलोक्य नापें!

यह महा संग्राम
जीवन का, जगत का,
जीतना तो दूर, लड़ना भी
कभी सम्भव नहीं है
शब्द के शर छोड़नेवाले
सतत लघिमा-उपासक मानवों से;
एक महिमा ही सकेगी
होड़ ले इन दानवों से।

नया-पुराना

प्याज का
पुराना, बाहरी, सूखा छिलका
उतरता है,
और भीतर से
नया, सरस रूप
उघरता है, निकलता है।

कलाकार के नाते
जो प्रार्थना
मैं सबसे अधिक दुहराता हूँ
वह यह है:

मेरी आँख
नए के प्रति
निरन्तर सजग रहे!
मेरी बुद्धि
नये के प्रति
अनवरत अकुंठित और उदार रहे।
मेरा मन
नए की ओर
सर्वदा आकर्षित-उन्मुख हो,
ललकता रहे!
क्योंकि नया
सृजन की अनन्त और असमाप्य
संभावनाओं का
सर्वमान्य, सर्व-प्रत्यक्ष प्रमाण है।

और कलाकार के नाते ही
जिसके प्रति
मैं सबसे अधिक सचेत रहता हूँ
वह यह है:
कि मेरी आँखों में जो सजगता है
उसका संस्कार
आज का नहीं,
कल का नहीं,
पुराना है;
कि मेरी बुद्धि; में जो असंकीर्णता है,
जो उदारता है,
उसका संस्कार
आज की देन नहीं,
कल की देन नहीं,
बहुत पुरानों की देन है;
कि मेरे मन में जो अतृप्ति है,

जो आकांक्षा है,
जो प्यास है,
(वह आज का वरदान नहीं?)
वह कल का वरदान नहीं,
वह बहुत-बहुत पुरानी
प्रवृत्ति-प्रकृति का वरदान है
जो मेरे जन्म से,
मेरे तन, मेरे मनस के
पूर्वजों के जन्म से,
हमारा सहज धर्म रहा है।
प्याज का
जो सबसे पहला छिलका
उतरा था
वह उसका सबसे नया रूप था;
जो सबसे बाद को उतरेगा
वह उसका सबसे पुराना रूप होगा।
उद्घाटन नए से पुराने का होता है,
सृजन पुराने से नए का होता है।
'एहि क्रम कर अथ-इति कहुँ नाहीं!'

दो चट्टानें

अथवा

सिसिफ़स बरक्स हनुमान

"You have already grasped that Sisyphus is
the absurd hero."

—Albert Camus

[कुछ शब्द इस कविता की प्रवेशिका के रूप में]
यह प्रतीकात्मक कविता है। प्रतीक दंतकथाओं से लिए गए हैं। दंतकथाएँ इतिहास

नहीं हैं। प्रतीकों का प्रयोग किसी सूक्ष्म भाव-विचार को स्थूलता प्रदान करने के लिए किया जाता है। भाव-विचारों में परिवर्तन के आधार पर प्रतीकों को परिवर्तित करने का अधिकार सर्जक को है। उसका मैंने लाभ उठाया है। मेरे सिसिफ़स-हनुमान मेरे विशिष्ट भाव विचारों, अनुभूतियों-संस्कारों के प्रतीक होने के कारण किसी पुराने रूप की अनुकृति बनने को बाध्य नहीं हैं।

हनुमान का प्रतीक हमारे लिए चिर-परिचित है। यूनानी दंतकथाओं के अनुसार मृत्यु को बन्दी बना लेने के अपराध में सिसिफ़स को यह दंड दिया गया था कि वह एक चट्टान को ठेलकर पर्वत की चोटी पर ले जाए, जहाँ पहुँचकर वह नीचे को लुढ़क पड़े और वह फिर उस चट्टान को चोटी तक ले जाए और अनन्त काल तक यह क्रम चले। इस प्रक्रिया की अनवरत आवृति में जो व्यर्थता है, वह स्पष्ट है।

यूनानी दंतकथाओं में ही सिसिफ़स के निकट सम्बन्धी प्रोमीथियस के दण्ड की चर्चा की जाती है। उसी ने सर्वप्रथम स्वर्ग लोक से आग चुराकर उसे मानवों के लिए उपलब्ध किया था। इस अपराध के लिए उसे यह दंड मिला कि वह एक चट्टान पर जंजीरों से जकड़ दिया जाए, दिन भर एक गरुड़ उसके पेट का माँस नोच-नोचकर खाए, रात को घाव भर जाएँ और प्रातः गरुड़ आकर फिर वही क्रूर क्रिया आरम्भ करे; और यह क्रम अनन्त काल तक चले। इस दण्ड में एक सार्थकता थी। प्रोमीथियस को संतोष होगा कि वह एक बड़ी और उपयोगी उपलब्धि का मूल्य चुका रहा है, चाहे वह कितनी ही महँगी क्यों न पड़ी हो।

19वीं और 20वीं सदी का योरोपीय मनस् दो प्रतीकों से व्यक्त किया जा सकता है—प्रोमीथियस और सिसिफ़स से। प्रोमीथियस एक आदर्श को लेकर यातना सहता है। आश्चर्य नहीं कि 19वीं सदी—किन्हीं अर्थों में आस्थाओं की सदी—के एक प्रतिनिधि कवि शैली का ध्यान उसकी ओर गया और उसने उसे यातना-मुक्त किया, सिसिफ़स की यातना निरर्थक है। फिर भी वह जिए जा रहा है संघर्ष किए जा रहा है। स्वाभाविक है कि 20वीं सदी—अनास्था की सदी—के एक ऐसे विचारक की दृष्टि उसकी ओर गई, जिसने जीवन और मरण की निरर्थकता स्वीकार कर ली है। उसने उसे एक अर्थ देने का प्रयत्न किया। कहा, निरर्थकता में अपने से ऊपर उठने की भी क्षमता है।

नैतिकता-निरपेक्ष बौद्धिकता और विज्ञान की एकांगी और चरम उन्नति तथा अर्थ-शासन-तन्त्र की विकसित शक्तिमत्ता के फलस्वरूप वैयक्तिक अहं का जो विस्फोट योरोप में हुआ और उसने जिस सामूहिक अहं के विस्फोट को निमन्त्रित किया, उसमें अपनी आत्म-रक्षा के लिए व्यष्टि का अस्तित्त्ववादी दर्शन का आश्रय

लेकर उभरना स्वाभाविक था। उसका उद्देश्य था काल्पनिक आश्वासन-आशा से विमुक्त, सामाजिक, धार्मिक, राजनैतिक—हर प्रकार की व्यवस्था के प्रति विद्रोही, जीवन के भौतिक एवं मनोवैज्ञानिक तथ्यों के प्रति पूर्ण सचेत, ओर तर्कसंयमित विचार तथा निर्बाध अनुभूतियों के अधिकार से समन्वित व्यष्टि की उस इकाई की प्रतिष्ठा जो अपने अतिरिक्त सब कुछ की तुलना में सर्वप्रथम और सर्वाधिक महत्त्व अपने को दे सके—आत्मार्थे पृथिवीं त्यजेत्। ऐसे तयक्ताश, असंतुष्ट, विमुक्त, विद्रोही व्यष्टि को साकार करने के लिए योरोपीय, विशेषकर फ्रांसीसी और चेक कथा-साहित्य में बहुत-से पात्रों का निरूपण किया गया जो अपने अस्तित्व को जीने के लिए भीषण संघर्ष करते हैं। अलबेर कामू ने उसके संघर्ष की प्रतिकृति पुरानी दंतकथा में सिसिफ़स के संघर्ष में पाई और उसे युग-व्याप्त चौमुखी-निरर्थकता का नायक माना—'दि ऐबसर्ड हीरो'।

मैंने विद्यार्थी-जीवन के स्वाध्याय में सिसिफ़स से परिचय किया था, पर उस समय यह नहीं समझा था कि निकट भविष्य में वह मानव-मनस् का प्रतीक बनकर खड़ा होगा। आज से दस वर्ष पूर्व जब योरोप की दार्शनिक विचार-धारा में मैंने उसे अपने नए सन्दर्भ में देखा तो वह अपरिचित नहीं लगा। पन्द्रह वर्ष पूर्व अपनी व्यक्तिगत वेदना की आग में मैं प्रायः उसी की सी अभिवृत्ति (मूड) में होकर निकल गया था—'व्यर्थ जीवन भी, मरण भी'—'व्यर्थ' को हम 'ऐबसर्ड' का पर्याय मान लें तो अभिव्यक्ति में भी शायद ही कोई विशेष अन्तर दिखाई दे। और विचित्र है कि उस व्यर्थता से ऊपर उठने का भी वही आग्रह था जो पाश्चात्य विचारक में—'निश्चय था गिर मर जाएगा, चलता, किन्तु, जीवन भर' और इन पंक्तियों में तो

> 'चार कदम उठकर मरने पर मेरी लाश चलेगी'
> 'गरल पान करके तू बैठा,
> फेर पुतलियाँ, कर-पग ऐंठा,
> यह कोई कर सकता, मुर्दे, तुझको अब उठ गाना होगा।'

वह आग्रह उससे कहीं अधिक तीव्रता से व्यक्त हुआ है जहाँ वह विचारक मनुष्य को सूने मरू के बीच में भी जीने और सृजन करने को प्रेरित करता है। मौलिक रूप में कामू के विचार भी 1940 के लगभग व्यक्त हुए थे। क्या विचारों की एक प्रच्छन्न धारा चलती है जो पूर्व-पश्चिम सबको लगभग एक ही तरह भिगाती है?

बीच की कहानी 'निशा निमंत्रण' से लेकर मेरे अब तक के संग्रहों में लिखी है।

बाद को जैसे-जैसे मेरी दृष्टि भीतर से बाहर की ओर गई और जैसे-जैसे मैं अपने संसार और विशेषकर अपने देश में मूल्यों के विघटन के प्रति सचेत हुआ मुझे व्यष्टि का सारा संघर्ष सिसिफ़स के दण्ड भोगने जैसा प्रतीत होने लगा। फिर भी सिसिफ़स की स्थिति को मेरा मन पूरी तरह स्वीकार नहीं कर सका। जब-जब सिसिफ़स का प्रतीक मेरे सामने उभरता, जैसे उसके प्रत्युत्तर में, एक दूसरा प्रतीक भी मेरी आँखों के आगे प्रकट होता—हनुमान का—अपने हाथ पर पहाड़ की एक चट्टान लिए, पर कितने विपरीत भावों को जगाते हुए! मैंने किन्हीं अत्यन्त सीमित अर्थों में और अपनी रीति से दोनों प्रतीकों को साथ जीकर देखा। उसकी कहानी अलग है, पर यहाँ अनावश्यक। दोनों में समन्वय की सम्भावना मैंने नहीं देखी, पर दोनों प्रतीकों को साथ जीकर देखा। उसकी कहानी अलग है, पर यहाँ अनावश्यक। दोनों में समन्वय की सम्भावना मैंने नहीं देखी, पर दोनों से शक्ति-संचय करना कठिन नहीं है। सृजन और जीवन सिसिफ़स के साथ भी सम्भव है, पर शान्ति और संजीवनी—जिसके लिए मनुष्य कम नहीं तरसता और जो उसके लिए कम आवश्यक भी नहीं—हनुमान के ही पास है। अपनी अनुभूतियों को—वे कैसी भी हों—प्रक्षिप्त करने की विवशता और अधिकार से यह कविता लिखी गई है।

कविता लिखने के पूर्व मैंने सोचा था कि मैं सिसिफ़स के बरक्स हनुमान को वस्तुसत्य, तर्क और बौद्धिकता के आधार पर प्रस्तुत कर सकूँगा, पर लिखना आरम्भ करते ही कल्पना, भावना और संस्कारों ने मुझे पकड़ लिया और अन्त तक नहीं छोड़ा—अचेत अवस्था से पड़े संस्कार बड़े प्रबल होते हैं: उनसे मुक्त होना, विशेषकर सृजन के क्षणों में, जिसमें सर्जक का पूरा व्यक्तित्त्च क्रियाशील होता है, सम्भव नहीं। क्या इसे मैं अपनी असफलता समझकर भी कृति की यत्किंचित् सफलता का कारण मान लूं?

कल्पना के
बहुत ऊँचे शैल पर
आसीन हूँ मैं।
मैं यहाँ से देखता हूँ
सत्य का आधार लेकर—
ठोस, दृढ़तम—
उठे अनगिन भूधरों को
बीच जिनके

दो चट्टानें

भ्रांति की, सन्देह की, अनुमान की
बहु घाटियाँ
गहरी, कुहासे-भरी,
सँकरी और चौड़ी
दूर तक फैली हुई हैं।
सत्य

बहुत बड़ा महत्त्वाकांक्षी हो,
सत्य की,
पर,

एक मर्यादा बनी है,
तोड़ जिसको वह कभी पाया नहीं है,
तोड़ भी सकता नहीं है।
एक ऐसा बिन्दु है
जिस तक पहुँचकर
सत्य के ये
समय-पक्व, सफेद-केशी, सर्द भूधर,
जान सीमा आ गई है,
शीश अपना झुका देते।
कल्पना का तुंग,
          पर, उन्मुक्त है,
उस बिन्दु के भी पार जाए,
तारकों से सिर सजाए,
भेद सप्तावरण डाले,
शक्ति हो तो,
भक्ति हो तो,
उस परम अज्ञात के;
अव्यक्त के भी चरण छू ले,
लीन उनमें,
एक उनसे हुआ,

निज अस्तित्व भूले।

दूर ही वे
परम पुरुषोत्तम चरण हैं,
दूर ही दुर्भेद्य ये सप्तावरण हैं,
दूर ही वे
गगन के अगणित सितारे झिलमिलाते;
किन्तु, फिर भी,
कल्पना का तुंग जितना उठ सका है
उसी से वह आधिभौतिक,
ऐतिहासिक, वैज्ञानिक,
तथ्य-सम्मत, तर्क-सम्मत
अर्द्ध सत्यों के
अगिनत पर्वतों को
बहुत पीछे, बहुत नीचे छोड़ आया।
इस सतह पर
सत्य
अपना अतिक्रमण करके खड़ा है।
इस जगह का सत्य
सारे अर्द्ध सत्यों और सत्यों से
बृहत्तर है, बड़ा है।
इस सतह पर
भूत-भव्य-भविष्य
काल-विभाग का मतलब नहीं है।
पाग-सा वह
शैल के सिर पर बँधा है।
देश से दूरी-निकटता
          ही नहीं गायब हुई है,
यहाँ उस पर कहीं सीमा भी न लगती।
एक वातावर्त का
पटका बना-सा
शैल की कटि में लपेटा।

बैठ उसके शृंग पर
जो देखता,
जो सुन रहा,
अनुभूति करता,
अगर मुझमें
        शब्द की वह शक्ति हो
प्रेषित करूँ सब,
धैर्य किसमें है मुझे जो सुन सकेगा?
अगर सुन भी ले
सिड़ी सम्राट मुझको
पागलों का, बावलों का,
सनकियों का, पिनकियों का
ही कहेगा।

इस विशेषण से
        मुझे क्यों आज डर है?
क्योंकि यौवन का उफान उतार पर है।
आह, मेरी प्रथम तरुणाई कि जिसमें
मोह कविता-कामिनी ने
मुझे पागल और दीवाना किया था!
और उनसे और पागल,
और दीवाना
        बनाने के लिए मैंने कहा था।—
कहीं पर सीमा नहीं थी!
सौ जनम की प्यास जैसे
जाग प्राणों में उठी थी।
चरम तक पीना-पिलाना चाहता था,
चरम तक जीना-जिलाना चाहता था।
बूँद कविता की सुरा की पड़ी मुख में,
जिए मुर्दे,
हाथ प्याले से लगे क्या,

बावले थे;
पाँव मधुशाला पहुँच पाए नहीं,
नर्तन-निरत थे,
होश और हवास-हत थे।
महाप्राणों-मानवों के काल में भी
—नाम से भी धन्य धनिकर—
मैं लिए मधु-प्राण, मधु-मानव विशेषण,—
अल्प, अति लघु—
नाम अति-परिचय-अवज्ञा-पूर्ण बच्चन,
लाज में डूबा नहीं था—
'लिए' क्या, मेरे विरोधी बन्धुओं ने
व्यंग्य से मुझको दिए थे—
मस्त था, उत्फुल्ल था, उन्मत्त था, उन्मुक्त था मैं।
किन्तु सब-का-सब पागलपन वह
पागलपन ही नहीं था।
उस समय भी कहीं मुझमें
कलाकार जगा हुआ था।
है कला क्या?
अव्यवस्था में व्यवस्था।
समय ने अब दिल दबा मेरा दिया है,
और कुछ गम्भीर भी मुझको किया है।
बावला अब नहीं,
जो कहने चला हूँ
वह कहानी भी नहीं है बावलों की,
और सुनकर बावला बनना नहीं है।
सोचना है, गौर करना है—
युग-मनस ठहरे जहाँ पर
ठौर और प्रतीक वह मालूम करना है।

आज का युग,
आज का जीवन

नया कुछ अर्थ कवि से माँगता है,
जो कि अक्सर नए-शोधे पुरातन से
है उभरता।
अर्थ-मूल्य दिए गए थे जो उन्हें
अब वे पुराने पड़ गए हैं;
काल-जर्जर हो
विकुंठित और विघटित हो रहे हैं।
अव्यवस्था आज बाहर,
किन्तु उससे अधिक भीतर,
केन्द्र जो ठहरा वहाँ पर।
वह सुथिर हो,
सन्तुलित हो,
शान्त हो तो
शान्ति फैले बाहरी संसार में भी।
आज अपने शब्द से
उस केन्द्र को ही
कहीं छूना चाहता हूँ;
वहाँ कोई मूर्ति,
चाहे हो पुरानी,
एक नूतन पीठिका पर,
नई विधि से,
दे नया ही कोण, आभा,
मैं प्रतिष्ठित आज करना चाहता हूँ,
उँगलियों में हो न जादू,
आज भी मेरा पुराना कलाकार
          जगा हुआ है।
अर्थ जीवन का,
जगत का, काल का,
कुछ खोजने में, नया,
अविरत-अविश्रांत लगा हुआ है।

और उसकी खोज का परिणाम
जो है, सामने है।
सुनो, जो कुछ कह रहा हूँ,
सुनो, समझो,
औ' मुझे संवेदना दो।
सत्य कितना ही बड़ा हो,
और कितना ही बड़ा क्यों दे न उसको,
अर्थ उसका सिर्फ
वक्ता और श्रोता का समन्वय स्पष्ट करता।
हो किसी का,
एकतरफा दान कवि का नहीं होता,
औ' न प्रियतम-प्रेयसी का।
काव्य-मधु के कभी सहपायी रहे हों,
बनो सहभोक्ता, समीक्षक आज मेरे अनुभवों के।
युग-समस्या का तुम्हें हल दे सकूँगा,
यदि कहूँ तो दंभ होगा।
दंभ सिर धर
कला चल सकती न पग भर।
सिर्फ इतना ही कहूँगा,
यत्न हल के लिए जो तुम कर रहे हो,
मैं तुम्हारे साथ हूँगा,
मैं तुम्हारा साथ दूँगा।
शब्द मेरे
क्या तुम्हारी शोध-चिन्ता ही
नहीं अभिव्यक्त करते?
आज मानव-मनस
इतना खिन्न, खण्डित, विशृंखल है
बाँध यदि उसको सकूँ कुछ देर को मैं
किसी थिर, सन्तुलित, निष्ठायुत समर्पित एक से तो
मनुजता की कम नहीं सेवा करूँगा।

दो चट्टानें

देखता हूँ
हो रहा है बहुत कुछ,
होता रहा है अयुत वर्षों से,
मगर वर्णन करूँगा,
आज,
उतना ही कला को दान जितना—
कला मानव-हित समर्पित
कला मानव हित सुसज्जित,
कला जो मुझ अल्प सत्ता की परिधि में,
कला में वह सत्य जो अनुभूत,
बाकी झूठ, मिथ्या!—
देखता हूँ मैं कि उसमें
पकड़ता हूँ मन तुम्हारा,
खींचता हूँ ध्यान कितना।

कल्पना के
शैल के जिस शृंग पर
बैठा हुआ हूँ,
ठीक उसके सामने, नीचे
खुली फैली हुई है
वाम-दक्षिण के पहाड़ों से सुरक्षित
एक घाटी तीन-कोनी—
साँझ-सी दिन, महाकाली रातवाली—
बीच जिसके तीन नदियाँ
सर्प गति से चमचमाती बही जातीं
एक चौथी से मिलन को,
जो क्षितिज पर दूर आड़ी बह रही है—
कीच-काँदो-भरी, काली, तेज़, गहरी,
भँवर-लहरों को उठाती, रोर घर-घर घोर करती—
मानवों के लिए इसको
पार करना है असंभव।

उधर घाटी की यही सीमा बनाती।
यही सीमा जीवितों के, मरों के संसार की है।
और देखो,
तीर उसका इस तरफ का,
जो मरों की तरफ का है,
ताकता है एक ताकतवर महा कूकर
जिसे करबरस कहते,
तीन मुख का—
मुख भयंकर काल के-से—
आँख से ज्वाला उगलता,
नासिका से धूम्र काला,
दीर्घ, तीक्ष्ण, कराल दंष्ट्री,
पूँछ में फन काढ़कर नागिन झुकी-सी,
और पट्टे की जगह पर
साँप काले, ज़हरवाले और लम्बे
गले से लिपटे हुए हैं;
भूँकता जैसे कि
          कम जल से भरे बादल गरजते,
दौड़ में बिजली नहीं है पार पाती।
नाम घाटी का बता दूँ?
नाम क्या 'हेडीज़' का तुमने सुना है?
पापकर्मा मृतक रहते जहाँ,
उसकी कल्पना,
यूनानियों की,
इस जगह साकार होती।
राज करता यहाँ प्लूटो—
हम उसे यमराज कहते—
जो कि अपने त्रिगुण,
(जो निष्पक्षता
औ' न्याय-निष्ठा
और ममताहीनता विख्यात,)

युग-युग-वृद्ध
अनुभव-सिद्ध, सन-से-केशधर
निर्णायकों के साथ
यह निर्णीत करता,
कौन पाए
        किस तरह का दण्ड,
घाटी में कहाँ पर।
जा-ब-जा इस महाघाटी में
मृतों की आत्माएँ—
देखने में स्थूल-सी ही देह धारे—
दण्ड अपना भोगती हैं,
शोर, हाय, पुकार करती,
किन्तु कोई नहीं सुनता
जिस समय तक दण्ड पूरा नहीं होता;
मुक्त हो तब स्वर्ग जाती।
पाप कुछ के, हाय,
इतने बड़े समझे गए हैं वे
सब समय के वास्ते दण्डित हुए हैं;
है उन्हीं में एक सिसिफ़स
वाम गिरि पर जो कि अपना
दण्ड अद्भुत भोगता है!
इस तरह का दण्ड-भोगी
ऐटलस है, श्वसुर उसका,
जिसे ज़ीयस, देवपति, से
द्रोह करने की सज़ा यह दी गई थी,
गगन-मंडल
स्कंध-बाँहों पर उठाए!
और वह अब भी उठाए।
हो गया है जड़ उठाए ही उठाए!
इस तरह का दण्ड भोगी
ऐटलस का बन्धु

प्रोमीथियस भी था।
स्वर्ग से उसने चुराकर आग
दी थी मानवों को।
(आग पाकर मनुज देवोपम बने थे!–
अग्नि में ताकत बड़ी है!
वैदिकों ने अग्नि की आराधना किस भाँति की है–
कविः अग्नि...
अग्निमीले...
अग्निना अग्निः समिध्यते...
अग्नि दूतं वृणीमहे...)
अग्नि का दूतत्व करना!–
दण्ड इस अपराध का था,
लौह शृंखल से बँधे चट्टान पर वह,
एक भारी गरुड़ दिन भर
माँस उसके पेट का नोचे निरन्तर और खाए,
रात को भर जाएँ सारे घाव,
प्रातः गरुड़ आकर क्रूर क्रम यह फिर चलाए,
और चलता जाए यह क्रम सर्वदा को;
किन्तु ज़ीयस की दया है,
या समय में ही कहीं बाकी हया है,
तीस सहस्र बरस तलक यह दण्ड सहकर
त्राण उसको मिल गया है!
इस तरह के और भी हैं जो कि बहके,
मूल्य जो अपने बहकने का चुकाते
दण्ड सह के।

भोगते जो दण्ड
उनमें एक का भी
दण्ड ऐसा नहीं
मिलता दूसरे के साथ जो हो।
पाप कितने विविध रूपों में

मनुष्यों की धरा पर
या कि देवों की नज़र में व्यक्त होता!
और उसके अल्पतम परिणाम से भी
भागना सम्भव नहीं,
          सम्भव नहीं है।
देखता रहता निरन्तर
सजग और सचेत रहकर
सब दिशाओं में घुमाकर
टार्च-जैसी तीन जोड़ी आँख अपनी
करबरस,
कोई यहाँ से भागकर जाने न पाए।
और कोई जा न पाता।
भागता पकड़ा गया जो।
चीथ उसको डालता है,
साँप गर्दन-पूँछ के दर्जन
लिपटकर देह से दुख-दंश देते।
सब तरह दुर्गति कराके लौटता फिर,
दण्ड अपना भोगता फिर!

और देखो वाम गिरि पर
दण्ड सिसिफ़स भोगता हे—
दण्ड अद्भुत,
समय सहकर और अद्भुत!

वाम गिरि पर वह खड़ा है
नग्न और प्रलम्ब शालस्तम्भ जैसा,
अंग सारे सानुपातिक,
सन्तुलित, साँचे ढले-से।
भूमि जकड़े, जमे पंजे,
सत्य कोई, तथ्य कोई ज्यों दबाए,
कसी-माँसल पिंडलियाँ,

गज-शुंड रानें,
कमर पतली सिंह की-सी,
खूब चौड़ी और फूली हुई छाती—पला हो विद्रोह जिसमें
वृषभ कंधे, ठोस पुट्ठे
और बल्लेदार ऊर्जस्वल भुजाएँ
जानु तक लटकी हुई हैं,
मुट्ठियाँ ऐसी कि जिनमें असंतोष बँधा हुआ हो,
भरी गर्दन
शत्रु का ज्यों मान मर्दन कर तनी हो।
शीश उन्नत देव का-सा
स्वर्ण-शृंखल-कुंतलों का ताज पहने।
दिव्य-भव्य ललाट यद्यपि 'पराजय', 'नैराश्य' अंकित।
मनु-तनय के
माँस के रंग में
नहीं वैचित्र्य कोई,
किन्तु बहुरंगी धरा पर
रंग कोई नहीं जिससे साम्य उसका।
और बहुरूपी धरा पर
सानुपातिक संतुलित आकार उसका
अलग सबसे दीख पड़ता।
क्या नहीं लगता कि
सिसिफ़स है खड़ा ऐसे
कि पूरे शैल पर शासन करे वह?
शृंग पर से
संगमरमर का
बड़ा-सा एक गोलक
लुढ़कता औ' चमचमाता
चला नीचे, और नीचे, और नीचे जा रहा है
और ठहरेगा न जब तक
भूमि समतल निम्न घाटी की न पाता।
ओर निस्पृह-मौन सिसिफ़स देखता है—

दो चट्टानें

यही होना था, हुआ है।
मर्मरी चट्टान प्रतिदिन
कई बार खिसक लुढ़कती यों रही है,
ठेलकर वह जिसे धुर ऊपर तलक लाता रहा फिर
इस तरह
बत्तीस सहस्र बरस चुके हैं बीत अब तक!

कौन था अपराध
जिसका दंड
सिसिफ़स को मिला यों,
ससुर, चचिया ससुर को जैसे मिला था।

जन्म सिसिफ़स का हुआ
एओलिया के द्वीप में था—
पिता एओलस वहाँ थे राज्य करते।
वायु पर अधिकार का वरदान उनको
प्राप्त ज़ीयस से हुआ था।
चाहते जब डोलता मधुऋतु समीरण,
चाहते जब गगन में तूफान उठता,
        मेघ छाते, कड़कड़ातीं बिजलियाँ
जब चाहते फुहियाँ गिरातें,
चाहते जब मेह मूसलधार गिरता,
चाहते जब वायु की गति रोक देते।
वायु पर काबू,
बड़ा अधिकार भारी।
हृदय था कल्याणकारी।
द्वीप गो, धन, धान्य,
ऋधि, सिधि, सम्पदा से भर गया था।
किन्तु उनको भोगने पाए न जी भर,
एक दिन सहसा गए मर,
और काया हो गई अर्पित चिता को।

जो हवाएँ थीं नियन्त्रण में बहुत दिन
वे उठीं उन्मुक्त होकर, क्रुद्ध होकर,
औ' चिता की राख का कण-कण उड़ाकर
ले गईं जाने किधर को!
देखता रह गया सिसिफ़स,
औ' पिता के साथ ही
समृद्धि सारी
        द्वीप की हो गई गायब।

जो प्रकृति के विपर्यय पर फल रहा था
वह प्रकृति की सहजता पर
सूखने, गिरने लगा था।
और सिसिफ़स
बैठकर प्रायः अकेला सिन्धु-तट पर
सोचता था—
मरण!—
यह अभिशाप
मानव के लिए कितना बड़ा है!
मृत्यु!—
मानव, सृष्टि के सम्राट, की
कितनी बड़ी असमर्थता है!
शक्ति,
धन,
योग्यता,
विद्वत्ता,
भलाई,
काम कुछ भी नहीं आती,
मृत्यु सब पर व्यंग्य करती,
भाव रख अवहेलना का,
मुस्कराती,
उग्र, उद्धत कदम रखती बढ़ी आती।
और जिसको चाहती

दो चट्टानें

ले साथ उसको चली जाती।
और इससे भी बड़ी दयनीयता
उसकी अकारण अनिश्चितता।
है नहीं कोई समय
उसके न आने का समय हो।
उम्र कोई भी नहीं है मान्य उसको,
किसी की सुविधा-असुविधा,
समय-असमय,
घड़ी-कुघड़ी का
कभी होता नहीं है ध्यान उसको।
रूप-रस के,
वर्ण-वाणी के
विविध आकर्षमय संसार-मुख पर
क्या कड़ा सबसे तमाचा यह नहीं है?
जो कि पड़ता है अचानक,
और मानव तिलमिलाकर ढेर होता।
कुछ निवेदन,
कुछ शिकायत,
रू-रियायत की न गुंजाइश कहीं है।
मौत

सबसे बड़ी लाचारी मनुज की
और कुछ चारा नहीं है!
मौत पर सर मारते जो
लौटकर आते जहाँ पर,
बाल सिसिफ़स भी
करुण-कातर हृदय से
वहीं, पर सौ बार आया,
औ' सहस्त्रों बार आया।
मौत से
        निस्तार पाने का सवाल
रहा खड़ा, पर, सामने उसके बराबर!
किन्तु चिन्तन-मनन पर

जीवन ठहर सकता नहीं है;
क्या न उल्टे और तेजी से गुजरता ज्ञात होता।
एक दिन
कैशोर करके पार
यौवन द्वार पर वह
पाँव अपने रख रहा था।
और यौवन शक्तिशाली
एक जादूगर बड़ा है।
रूप तो रहता वही है,
किन्तु उस पर नयन यौवन के
नए ही रंग-आभा का
रहस आरोप करते,
रश्मियों का एक मोहक जाल
अपने-आप बुनते,
और अपने-आप उसके बीच फँसते,
और फँसकर मस्त होते और हँसते।
मुक्ति-बंधन में नहीं कुछ फर्क लगता।
रंग तो रहता वही है,
किन्तु उससे हाथ यौवन के
नया ही रूप रचते,
और वे हर अंग को कुछ नोक देते, धार देते,
और फिर खुश-खुश उन्हीं के वार लेते।
घाव फिर ये खींचते आहें निराली,
और अपने को बताते भाग्यशाली।
घाव-मरहम में नहीं कुछ फर्क लगता।
रूप सुस्थिर
        इस तरह लगता कि जैसे
संगमरमर-मूर्ति का हो,
और यौवन
        इस तरह निर्जर कि जैसे
नील नभ की हो सदा-ताजी जवानी।

दो चट्टानें

प्राण की गहराइयाँ मिलती नहीं हैं।
हार-हार जिजीविषा से
मृत्यु के सब ख़्याल
शर्माते, लजाते, मुँह नहीं अपना दिखाते।
एक दिन
ऐटलस-कन्या और सिसिफ़स की
सगाई हो गई थी।
जल्द परिणय-साँझ आई
और आई मधु-मिलन की यामिनी भी।
कामिनी, बन संगिनी, अर्द्धांगिनी बन गई नित की।
नारि प्रतिनिधि है प्रकृति की
जो सृजन की अधिष्ठात्री।
मरण और विनाश
औ' विध्वंस के कुविचार को वह
पास आने ही न देती।
दृष्टि उसकी सर्वदा इस पार रहती,
और अपने प्राणपति, सुत,
हित तथा सम्बधियों की दृष्टि को
इस पार से संपृक्त रखती।
जिन दृगों ने
ऋद्धिमय एओलिया के द्वीप का। था।
ह्रास और विनाश देखा
वही अब ईफ़ाइरा की नई नगरी का
नया नक्शा बनाने में लगे थे,
प्रीतिकर अर्द्धांगिनी को हो सके जो।
राजसी प्रासाद सत-महला बना था—
भव्य-सुन्दर—
राजपुरुषों के भवन थे
पंचमहले और चौमहले,
तिमहले औ' दुमहले,
जो कि थे अनुरूप उनकी

पद-प्रतिष्ठा-मान्यता के।
औ' बने थे
देव-मन्दिर, नाट्य-खेल-कला-भवन
औ' सभा-मण्डप,
धरहरे, मीनार, गुम्बद,
बड़ी छत के कक्ष विस्तृत,
चौमुखी बाजार, पनघट
बाग, उपवन, वाटिका, बहु कूप-वापी,
और क्रीड़ा-शैल, सरवर,
राजमार्ग, प्रशस्त पथ औ' बाट-बीथी।
इस तरह वह नगर,
सिसिफ़स राग का,
प्रोमीथियस की आग का
उत्साह-बल पा,
देव-पुर-सा दिव्य, आकर्षक बना था।
किन्तु जैसे वृंद-वादन में
कहीं कोई गलत सुर लग रहा हो
और वह खटके श्रवण को,
सर्व सुख, समृद्धियों के बीच
उसको मृत्यु की थी याद आती,
और उसकी
दुर्निवार

              रहसभरी,
              अज्ञात गति की।
विवश सिसिफ़स काँपता था
छूट सहसा जाएगा क्या
एक दिन सम्पूर्ण वैभव?
छूट सहसा जाएँगे क्या
सभी पुर जन, सभी प्रिय जन?
तब किसी से मोह क्या,
              अनुराग क्या,

अपनत्व कैसा!
क्या इसी के वास्ते जीवन मिला है
भीति,
शंका,
शीश पर लटका करें
धागे-बँधी तलवार बनकर?
बालपन में जो पड़ा संस्कार
उसका छूटना होता असम्भव;
बालपन के प्रश्न
यौवन पार की वय में लगे उठने निरन्तर
और कोई था न उत्तर!
किन्तु सिसिफ़स
हार कर के बैठने वाला नहीं था।
मृत्यु करती सामना जब
शक्ति,
धन,
योग्यता,
विद्वत्ता,
भलाई,
कुछ नहीं है काम देती;
किन्तु क्या सब कुछ यही है?
क्या नहीं छल से
मरण से पार पाया जा सकेगा?
बुद्धि मानव को
इसी के वास्ते तो दी गई है,
जिस जगह बल हार जाए
बुद्धि छल से जीत कर ले।
छल मनुष्यों का
उचित क्या बल नहीं है?
और क्यों न प्रयोग उसका किया जाए
जबकि छल का सामना हो।

मृत्यु सबसे बड़ा छल है,
और सबसे बड़ी छलना,
क्या न उसके जाल से सम्भव निकलना।
शठे शाठ्यम्,
शठे शाठ्यम्।
और सिसिफ़स
लग गया इस साधना में
बन सके वह छल-विचक्षण, सिद्ध छलिया।
सोचता वह,
वायु पर अधिकार था मेरे पिता को,
यदि उन्हें आभास होता
मौत उनकी आ रही है,
क्या नहीं तूफ़ान ऐसा
उठा सकते थे कि उन तक
मौत आने ही न पाए!
क्या नहीं सम्भव,
पिता जो कर न पाए वह
करूँ मैं?
मौत जब लेने मुझे आए
उसे मैं क़ैद कर लूँ,
और हो अमरत्व मेरा ही नहीं,
संसार भर का।
मौत खाए मात,
जीवन की यहाँ पूरी विजय हो।
सब अभय हों।
खड्ग जो सिर पर लटकता,
फूल बनकर
झरे सिर पर!
और जीवन का जय-ध्वज उठे ऊपर
और गूंजे घन जयस्वर!
और सिसिफ़स को

हुई मालूम वह तरकीब
गोपन छद्म छल की
मौत को बन्दी बना ले।
जब समय आया
उसी तरकीब के बल
वह सफल हो गया;
बन्दी मृत्यु थी उसके किले में।
और सब संसार जीने,
          जिए जाने को विवश था।
जल्द ही अनुभूति होने लगी इसकी,
          मरण में भी एक रस था।

मृत्यु बंदी हुई,
उसके बाद पहली बार
जब पतझार आया,
एक भी पत्ता पुरातन,
जीर्ण, पीला, शीर्ण, ढीला
टूटकर न गिरा धरा पर—
नई कोंपल किस जगह
          अपने लिए अस्तित्व फोड़े?—
फूल वृंतों पर लगे जो
वे लगे ही रह गए,
सूखे, हुए बदशक्ल,
रंग बदरंग हुआ,
बू हुई बदबू,
किन्तु अपनी झाड़ पंखुरियाँ
न धरती को समर्पित हो सके वे—
वृंत खाली ही न हो तो
नव कुसुम किस ठौर
टहनी से नई निज प्रीति जोड़े?—
फल पके,

ज्यादा पके फिर,
लगे सड़ने
किन्तु चिपके डाल से ही रह गए वे—
नया फल दबता पुराने से,
        डरा, किस भाँति अपनी बाढ़ छोड़े?—
औ' बरस-दर-बरस यह क्रम रहा चलता।
प्रकृति भर में विकृतियाँ
वीभत्स, अपदर्शन, घृणित अगणित
लगीं आँखों खटकने और गड़ने,
नाक में दुर्गन्ध भरने।
और मानव चकित होकर
यह विपर्यय देखता था,
और उसको सह रहा था,
क्योंकि स्वयं शिकार वह
ऐसे विपर्यय का हुआ था।
रूप-यौवन
तीव्र गति से ढल रहे थे।
प्रकृति क्षर है—
क्षरण होता है प्रतिक्षण कुछ
कि जीवन-प्रस्फुरण हो।
यही है सौन्दर्य-आभा,
ओज भी है, तेज भी है।
क्षरण रोको, मरण रोको,
और जीवन-प्रस्फुरण स्वयमेव रुकता।
प्रकृति-गत अमरत्व कितना
रुग्ण है, दयनीय है, करुणाजनक है!
मौत आए!
मौत आए! की
सदाएँ लगीं उठने;
ये दुआएँ माँगने कितने लगे—
उस मरण से वंचित नगर में—

दो चट्टानें

प्रभु, कृपा कर मृत्यु भेजो!
दयाकर तन-मुक्त कर दो!
और सिसिफ़स
बैठकर प्रायः अकेले सोचता था,
मृत्यु को बन्दी बनाकर
क्या न गलती कर गया मैं?
शुक्रिया एरीज़ को है,
पुत्र ज़ीयस का विलक्षण,
काट जिसने दिए बन्धन मृत्यु के
और हो गया सिसिफ़स यमार्पण।
मरण आया, क्षरण आया,
एक नैसर्गिक हवा का चला झोंका,
जीर्ण-शीर्ण हुआ तिरोहित,
नया-ताजा,
रंग-रसमय
प्राण-जीवनमय
उभरकर लगा लहराने,
हृदय में हर्ष बन, आनन्द बन,
उत्साह बन उल्लास बनकर मुस्कराने!
और जीवन के सहज और स्वस्थ क्रम को
तोड़ने का दण्ड
सिसिफ़स को मिला
प्लूटो तथा उसके त्रिगुण निर्णायकों से
एक अनगढ़
संगमरमर की
बड़ी चट्टान को वह
ठेलकर ले जाए
गिरि के शृंग धुर पर
और जब पहुँचे वहाँ पर
लुढ़कती नीचे गिरे वह
और सिसिफ़स

फिर उसे ले जाए ऊपर!
और निरवधि काल तक
अविरत अहर्निश क्रम चले यह!

चीख
सिसिफ़स के हृदय को
फाड़कर जो उस समय निकली
गगन को चीर
ऊपर गई बरबस,
और धरा को बेंधती
नीचे गई धँस।
आज भी उस चीख की जब याद करता
गगन लगता थरथराता,
धरा लगती कंपकंपाती
करबरस की आँख से भी
उस दिवस छह बूँद-आँसू की गिरी थीं
और हुआ हेडीज़ के
इतिहास में ऐसा दुबारा,
हुआ ऐसा ही मिला था दंड अब प्रोमीथियस को।
औ' तिबारा की अभी तक
नहीं नौबत आ सकी है।
उस समय से
काम सिसिफ़िस का रहा है
यही केवल
हाथ-पुट्ठों
और कंधों
और सिर का
बल लगाकर

दो चट्टानें

ठेलना चट्टान तिल-तिल
और ऊपर,
और ऊपर,
और ऊपर,
और पंजों, एड़ियों को
ढाल पर, ऊँचाइयों पर,
पत्थरों पर, झाड़ियों पर,
टेकना, ऐसा जमाना,
रान-पिंडली का लगाकर
ज़ोर इतना, जोर सारा,
खिसककर चट्टान नीचे
को न आए!—

और नीचे
खिसक आए
तो लगाकर
और ताकत,
और ताकत
और कूवत
उसे चोटी तक
चढ़ाना!!—
और फिर यह देखना
सारी मशक्कत और मेहनत और कोशिश
व्यर्थ होती जा रही है,
और सब आँसू, पसीना, खून
पानी हो रहा है।
और वह चट्टान
नीचे को खिसकती
औ' ढुलकती

चली जाती
और नीचे,
और नीचे,
और नीचे,
भूमि समतल
जब तलक आ नहीं जाती।
और सिसिफ़स उतरता फिर
और फिर अभियान अभिशापित
अबस आरम्भ करता।
और कुछ अन्दाज़ है
यह मरमरी चट्टान कितनी बार
ऊपर चढ़ी,
नीचे गिरी,
ऊपर चढ़ी,
नीचे गिरी
ऊपर चढ़ी,

नीचे को गिरी है?
अलग यह चट्टान गर हर बार होती
चीन की दीवार-सा प्राचीर
संगमरमरी
पृथ्वी के चतुर्दिक खड़ा होता!
और यदि स्थापत्य में
चट्टान का उपयोग होता,
भूमि का प्रत्येक प्रेमी
ताज अपनी प्रेमिका के
वास्ते निर्माण करना चाहता तो
कमी पत्थर की न होती!
औ' हज़ारों साल की
इस प्रक्रिया की
अनवरत आवृत्ति का

दो चट्टानें

परिणाम है
सिसिफ़स हुआ है
हृष्ट-पुष्ट-बलिष्ठ
दृढ़ पाषाण-पेशी
वज्र अंगी;
और अनगढ़
मर्मरी चट्टान भारी
हो गई है
खिसकती,
लुढ़कती,
घिस-घिस,
घूम-घूम,
स्फटिक गोलक!
उतरने का
इस क़दर अभ्यास
पर्वत से हुआ है,
उतरता सिसिफ़स
कि जैसे
फूट करके शृंग से
झरना उतरता;
और चढ़ता
स्फटिक गोलक
हाथ में ले
या उँगलियों पर नचाता,
जिस तरह कोई परम अभ्यस्त
सरकस का खिलाड़ी
गेंद हल्की
लिए ऊपर जा रहा हो।

स्फटिक गोलक

समय की
औ' शैल की,
सिसिफ़स करों की
रगड़ खाकर,
परस पाकर
इस क़दर चिकना
चमकमय हो गया है
जिस तरह हो गोल दर्पण,
जो कि नीचे
मरों के, दुख-दर्द
हाहाकार की दुनिया दिखाता,
मध्य में
करता प्रतिच्छायित
मनुज का द्वंद्व और संघर्षमय संसार सारा;
और ऊपर

देवता-देवांगनाओं के
समंजस लोक का प्रतिबिम्ब देता।
आदि मानव की गुहा से
स्काई-स्क्रेपर तक
यहाँ बिम्बित हुआ है।
बैल-बकरों की सवारी से,
प्रतिच्छायित हुई हैं,
राकेटों तक की उड़ानें,
और बर्बर भीति-पूजा धर्म से
करुणा-अहिंसा-प्रेम पद
अभिताभ, ईसा और गाँधी दर्शनों तक की
विमल झांकी मिली है।
किन्तु सिसिफ़स के लिए
उपयोग उनका कुछ नहीं है।
देह पर पाषाण का

दो चट्टानें

गुरु भार ढोते,
सन्तुलित करते उसे फिर,
और फिर उससे
बराबर खेल करते
खुद हुआ पाषाण है वह।
कुछ नहीं उद्देश्य उसका,
          अर्थ उसका,
          ध्येय उसका,
सिर्फ सक्रिय हर समय रहता
स्वचालित यन्त्र जैसे।
और वह अपनी महादयनीय स्थिति से
बेखबर है।
भाव-शून्य हृदय
दिमाग विचार-सूना,
और गायब कंठ-स्वर है।
व्यंग्य इससे
क्या बड़ा होगा
कि वह जग में अमर है!
और सम्भव
कल्पना ही है
कि तब तक वह चलेगा
जब तलक गोलक
न बनता गेंद, गोली—
और छोटी, और छोटी—
अणु तथा परमाणु,
जो हो शून्य में लय।
और तब
अस्तित्व उसका मुक्त होगा
काल कर क्षय!

और मैं यह दंतगाथा
देखकर साकार,
बैठा सोचता हूँ,
मनुज की सन्तान
जो अमरत्व की आकांक्षा
मन में छिपाए,
मृत्यु को उसने
कभी बन्दी किया था क्या
कि उसको
शिला जीवन की उठाने को मिली है।
और उसकी पीढ़ियाँ,
क्रम में अनवरत,
भार यह लेतीं, उठातीं और देती चली जातीं!
किन्तु हर पीढ़ी शिला के भार को जाती बढ़ाती।
क्या इसी के भार से
दबकर कभी इन्सान अन्तिम साँस लेगा
और उसको फिर जिला सकना न सम्भव हो सकेगा?
क्या अवस्था
जो अभी संघर्ष की है
वह किसी दिन खत्म होगी,
औ' मनुज-सन्तान
आगे यन्त्रवत्
यह भार लेती, औ' उठाती, और देती
चली जाएगी अगिनती पीढ़ियों तक
          काल ही जब तक न क्षय को प्राप्त होता?
क्या न कोई लक्ष्य ले जीवन चला है?
क्या न कोई हाथ नित निर्देश उसका कर रहा है?
क्या न कोई नियम-नैतिकता
          उसे कल्याण के पथ पर लगाए?
क्या न आगाही कहीं संकेत,

यदि वह भटक जाए,
ठीक पथ पर लौट जाए?
लक्ष्य अगर समष्टि का है
      व्यष्टि—लघुतम—की कहीं सत्ता-महत्ता?
      महानाटक में कहीं पर पात्रता अनिवार्य उसकी?
कहीं कोई उसे भी निर्दिष्ट करता?
हाथ उसका थामता है?
अर्थवान-समर्थवान उसे बनाता?
और बनता संकटों में अभयदाता?

प्लूटो की,
करबरस श्वान की
भौंक-विकम्पित
और मृतों के दण्ड-भोग की,
रोदन-क्रन्दन, ध्वनित-प्र'ध्वनित,
अन्तर-मंथित,
भीति-कुहासे की घाटी के
बाएँ को जो शैल खड़ा है उसके ऊपर
युग-युग से जो मौन त्रासदी
घटित हो रही
करुणा-विगलित हृदय-दृगों से
उसे अभी हम देख चुके हैं।
आओ देखें
घाटी के दक्षिणी शैल पर,
जो कि पड़ोसी ख्यात गंधमादन पर्वत का,
क्या होता है।
एक प्रीतिकर पावन आभा से
यह सारा शैल स्नात है,
अभिमण्डित है,
पर बाहर से आरोपित यह

ज्योति न लगती।
भीतर के ही
किसी केन्द्र से, किसी उत्स से
निर्गत-निःसृत,
विकसित होती फैल रही है।
पर्वत में ही समा न कर के
उसके चारों ओर दूर तक
बिखर गई है।
नील शिला का शैल
कल्पना-गिरी से,
लगता है, नीचे है,
पर नीचे है विनम्रता वश,
विनम्रता से नीचे ही सचमुच ऊँचे हैं।
लगता है, जो इस पर्वत पर
पाँव दे सके,
तारापथ कर पार,
भेद सप्तावरणों को
चरण परम अव्यक्त और अव्यय-अक्षय के
वह छू लेगा,
अहंकार को त्याग
अहं अपना भूलेगा
और कल्पना
उग्र तथा उद्धत है,
जिससे ऊँची होकर भी नीची है।
इसीलिए ऊँचाई की अन्तिम उठान पर
शक्ति नहीं, रे,
भक्ति चाहिए।
भक्ति विनत है,
और उसी का किसी जगह अवरुद्ध न पथ है।

नील-शिला इस पुण्य-पीठ को,

दो चट्टानें

आओ, पहले, शीश झुकाएँ।
कहने की आवश्यकता है?
इसके आगे
क्या न तुम्हारा शीश
स्वयं झुकता जाता है?
दृग-परिक्रमा तीन बार फिर
इसकी कर लें।
आदर देने की
यह आर्य-पुरातन पद्धति।
आदरणीय-प्रणम्य
यहाँ कोई बसता है।

पान गिरि के पूर्वोत्तर में
स्फटिक मुकुर-सा दीख रहा जो
वह कुबेर की पुष्करिणी है
जिसमें सौगन्धिक सुवर्ण के
कमल खिले हैं।
उसके आगे हरित स्वर्ण-सा
दीख रहा जो
स्वर्ण फलों से लदा-फँदा वह
कदलीवन है—
राम-भक्त हनुमान-वास जो।
राम-भक्त हनुमान
मध्य में, कदलीवन के,
दिव्य रूप साक्षात खड़े हैं।
वन-प्रवास में
भीमसेन को
यहीं हुए थे दर्शन उनके—
वायु-पुत्र होने के नाते,
अपने ही अग्रज भ्राता के—

जबकि द्रौपदी की इच्छा पूरी करने को—
दिव्य पद्म का गुच्छा ला अर्पित करने को—
वे कुबेर की पुष्करिणी की ओर चले थे,
जिसका सरसिज एक
हवा से उड़कर, आकर
नित्य-यौवना द्रुपद-सुता के हाथ पड़ा था
औ’ वे उसकी दिव्य गंध से,
रुचिराकृति से, मोहित होकर
और के लिए मचल उठी थीं।
नयन धन्य हैं दर्शन करके!
नहीं दीखते?
नहीं दीखते!
आओ, कवि से दिव्य दृष्टि लो,
भाग्य सराहो,
उसे देखते
जिसने अंकुश-रहित
रुद्र पाशविक शक्ति
दी ढाल, अपरिमित,
राग-भक्ति बल

परम दिव्य देवत्व विभव में!
क्या न बड़ी यह सबसे
युग की आवश्यकता?
रुद्र-पुत्र नित पंच रूप हैं—
एक रूप से
पवन तनय
अव्यक्त परम की दिव्य शक्ति से
एक हो चुके।
एक रूप से
एक हाथ में वज्र-गदाधर,

दो चट्टानें

मृत्युदायिनी,
मूल-सजीवन-धारी द्रोणाचल
धर अपने एक हाथ पर
(सिसिफ़स के हाथों पर तो चट्टान मात्र थी)
वज्र देह भूधराकार सन्तुलित बनाकर—
लांगूल रख बात-अनाहत दीप-शिखा सम—
समाधिस्थ, योगस्थ खड़े हैं—
(सिसिफ़स था प्रतिपल गति-चंचल)—
सदा के लिए,
तन से भी अमरत्व प्राप्त कर—
नित्य-प्राप्त की प्राप्ति के लिए
जैसे चिर-साधना-निरत है,
प्रेम योग यह
जो कि मिलन में विरह जगाकर—
मिलन-तृप्ति में मिलन-तृषा की
उत्कटता भी
साथ-साथ अनुभव करता है।
पूर्ण योग यह।
सृष्टि-सृजन में,
जीवन में, मानव-जीवन में
एक परम प्रच्छन्न रूप में
मूर्तिमान यह।
(फिर भी
भोगे दंड,
साधना चाहे साधे
एकाकी, तो
क्या समष्टि के मतलब का है?
इसीलिए तो)
एक रूप से अंजनि-नंदन रामदास हैं—

राम कथा के लीला संगी,
उनके विश्व-महानाटक के पात्र नम्र,
पर दुर्निवार पूरक उसके औ'
अद्वितीय अभिनेता, अंगी।
(और साथ ही)
एक रूप से वे सचराचर के सेवक हैं,
एक-एक को स्वामिरूप भगवंत जानकर,
सबका हितकर काम
राम का काज मानकर,
वे अनन्यगति अपने को साबित करते हैं।
और अन्त में
एक रूप से
कथा राम की जहाँ कहीं भी होती है
वे छद्म वेश, अपरूप धार कर
सुनने जाते,
और जहाँ उनकी सेवा की चर्चा आती,
अश्रु बहाते—
हाय, अभी तक
सेवक-सेव्य अलग ही,
एक नहीं हो पाए!

औ' अपने पाँचों रूपों से
महा प्रलय तक
महावीर जीते जाएँगे।
निशिचरपति रावण का वध कर,
लंका-राज्य विभीषण को दे,
लुप्त वेदश्रुति-सी पत्नी का
समुद्धार कर,
सती-साध्वी सीता को ले—
प्रकृति स्वरूपा—

दो चट्टानें

पुरुष ब्रह्म ही,
लीला-वपु में,
रामचन्द्र जब
अवधपुरी को लौट,
भरत का ताप शमन कर,
राजसिंहासन पर बैठे थे—
पूर्ण प्रतिष्ठित—
अंजनि-नंदन ने उनसे यह वर माँगा था—
यावद राम कथेयं ते भवेल्लोकेषु शत्रुहन
तावज्जीवेयमित्वेव'...
'शत्रुविनाशन राम,
तुम्हारी कथा लोक में रहे जब तलक
तब तक जीऊँ इसी तरह मैं।'
दशरथ-नंदन ने 'तथास्तु' कह
उनको यह वरदान दिया था।
एक तरह से अंजनि-सुत ने
अमर बने रहने का ही तो वर माँगा था,
क्योंकि स्पष्ट था उनके मन में
सीयराम की कथा अमर है,
ओर उसे सुनने की उनकी तृषा अमर है।
रूप-रूप से,
ठौर-ठौर पर,
राम-कथा वे सुनते जाते,
नहीं अघाते, नहीं अघाते।
नित्य एक-सा रस विशेष वे उसमें पाते।
औ' सच्चा अमरत्व
राम की कथा श्रवण करते रहने पर
          ही निर्भर है,
यह विश्वास जगाए रहने पर
कि सत्य, दम, त्याग

मृत्यु पर विजयी होते,
उनका लीला-सहचर नित्य बने रहने पर
जो कि स्वयं अव्यय-अक्षय हैं—
जीवन और मरण को तरकर।
नहीं मृत्यु की लाचारी का नाम अमरता,
वह अक्षय-अव्यय के प्रति
        नित तत्पर बनना,
देश-काल अनुरूप कर्म बन उसका रहना,—
सामंजस्य-द्वंद्व दोनों सम्पूर्ण समर्पित उसको करना—
जो है सबका धर्ता-कर्ता।

यह परिणति है,
पर उसका आरम्भ कहाँ था?—
देवि अंजना,
पूर्व जन्म की इंद्र सभा की

पुंजिकस्थला नाम अप्सरा,
तू, मेरी धृष्टता क्षमा कर,
अशीलता औ' अशालीनता,
यदि मैं पूछूं,
कैसे तूने
महा रुद्र के
पवन-प्रवाहित
महा वीर्य को
महा उदर में धारण करके
महावीर को जन्म दिया था?

तारक दल द्युतिहीन हुए थे,
धरा कंप-ज्वर में काँपी थी,
औ' दहाड़ उनचास पवन की
दशों-दिशाओं में गुंजित-प्र'ध्वनित हुई थी,

काले-काले घन छाए थे,
जिनकी छाती
कड़कध्वनिकर
अशनिपात से
शत-सहस्त्रशः दीर्ण हुई थी।
किन्तु सभी कुछ
भयाक्रांत हो शान्त हुआ था
महावीर शिशु की
पहली ही किलकारी से!
अंजनि, तेरी गोद भरी थी
किस प्रचण्ड प्रलयंकारी से?
पहली बार दबा था सूरज,
हौल पड़ गई थी उस दिन सागर के दिल में,
लंका में अपशकुन सैकड़ों साथ हुए थे,
बाम अंग फड़के थे सहसा लंका-पति के,
द्रोणाचल ने जड़ से हिल थिरता खो दी थी,
(और राम-भक्तों में ईर्ष्या जाग उठी थी।)
जिसका यह प्रारम्भ
कहाँ पर जाकर उसकी परिणति होती?
तुझे ज्ञात है, सृष्टि, कि तेरी
क्या गति होती,
यदि न राम के श्री चरणों में
महावीर की राम कृपा से मति-रति होती?

प्रथम ग्रास में
बाल-गाल में
जो पूरा रवि मण्डल रख ले—
बच्चे लॉलीपाप जिस तरह रख लेते हैं—
उसके बल-विक्रम-पौरुष की
कौन कल्पना कर सकता है?

उसका अंश और ले भागे,
इसे देखकर राहु इंद्र को
लेकर आया,
अद्भुत बालक
राहु, इन्द्र को, ऐरावत को
साथ न अपने गाल डाल ले,
इस भय से सुरपति ने अपना
वज्र चलाया,
महावीर की ठुड्डी टूटी,
सूर्य देव बाहर को आए,
अंधकार से परित्राण पाया जगती ने,
पथ प्रकाश का वह बच पाया,
और इस तरह
महावीर हनुमान कहाए।
किन्तु वज्र भी
क्या ठुड्डी की टक्कर ले
साबित रह पाया?
शायद कुंठित हुआ अपरिमित
और अनुपयोगी वह अब भी बना हुआ है।
आज नहीं हम देख रहे क्या,
बढ़ता है परिवार दानवों का,
उनकी सेना बढ़ती है।
त्राहि, त्राहि देवता पुकारा ही करते हैं,
औ' इस धरती के वासी भी
किन्तु नहीं वह आगे आता,
बैठा है बैकुंठलोक में वह शर्माता।

जो इतना प्रचण्ड था
अपने बालपने में,
वह कैशोर तथा यौवन में,

आसमान को चीर डालता,
सागर को एकाकी ही फिर मंथन करता,
कंदुक-सा ब्रह्माण्ड उठाता
फोड़ डालता कच्चे घट-सा,
तो कोई आश्चर्य न होता।

हनुमान की शक्ति
संयमित करने को ही
सूर्यदेव ने शास्त्र पढ़ाया,
सूर्यदेव के रथ के आगे उल्टे चलकर
महावीर ने विद्या सीखी,
पर विद्या से
शक्ति और हो जाती,
हो सकती थी तीखी।
शक्ति बुद्धि का
            अपने हित में शोषण करती,
बुद्धि बिचारी, हार मानकर,
शक्ति पक्ष का, न्यायोचित-अन्यायोचित हो
            पोषण करती।
क्या न यही भय
आज धरा पर व्याप रहा है?
बल विद्या से
जो सम्भव विध्वंस
उसी की आशंका से
क्या न विश्व सब काँप रहा है?
कहीं बुद्धि की
या विद्या की कमी नहीं है,
तिसपर भी क्या निर्भयता है?
शान्ति कहीं है?
शान्ति कहीं है?

कहीं नहीं रे,
कहीं नहीं है।

इस आशंका से आतंकित,
सोच-सोचकर,
महावीर पर
कैसे अंकुश रक्खा जाए,
ऋषियों ने अपने तप-बल से
शाप दिया यह,
हनुमान को अपने बल की
          याद न आए!
और न जब तक याद दिलाए!
पागल होगा जो अपने से प्रलय बुलाए।
वे अपने बल को बिसराए
ऋष्यमूक पर्वत के ऊपर
मरकट-पति सुग्रीव के निकट
अनुधावन बनकर रहते थे।
उसी समय
लीला-बपुधारी दशरथ-नंदन
नित्य संगिनी
जनक-नंदिनी के
वियोग में अश्रु बहाते—
(मन-ही-मन आनन्द मनाते)—
ऋष्यमूक पर
गिरि-कंदरा में उन्हें खोजने की
लीला करते फिरते थे,
क्योंकि लंकापति ने
उनके माया शरीर को हरण किया था।
हनुमान को देख राम ने
अपने आगे की लीला का सहचर जाना,

हनुमान ने देख राम को
कल्प-कल्प के अपने स्वामी को पहचाना।
एक दृष्टि में
एक ओर से हुआ समर्पण,
कर्म-वचन-मन-पूर्ण समर्पण,
एक ओर से शरण में ग्रहण।
भक्त और भगवान मिल गए,
पंपासर में सहसा शत-शत कमल खिल गए!

लक्ष-लक्ष बानर
सीता की खोज के लिए
निकल पड़े थे,
पर था प्रभु को ज्ञात
काम यह अंजनि-सुत से ही सम्भव है।
इसीलिए पहचान-मुद्रिका
उनके हाथों में सौंपी थी।

पर हनुमान
सिन्धु के तट पर
शाप-ग्रस्त होने के कारण
चुप्पी साधे
दिए हाथ-पर-हाथ खड़े थे।
तभी रिक्षपति जामवंत ने,
जिसे शाप का भेद ज्ञात था,
उनको उनके अतुलित बल की
याद दिला दी।
ज्वालागिरि के फट पड़ने से,
बाड़वाग्नि के जग उठने से,
अट्टहास कर
प्रबल प्रभंजन के चलने से,

उमड़-घुमड़कर
प्रलय मेघ के घिर आने से,
शत-शत शंपाओं के साथ विमुक्त पात से
महा प्रकृति की, महाध्वंस की
सभी शक्तियों के चरमांत प्रखर होने से,
भय की कोई बात नहीं थी,
क्योंकि शक्ति ने,
अंध शक्ति ने,
अपने शिव को जान लिया था,
उनको अधिपति मान लिया था।
कहा उन्होंने,
'कवन सो काज कठिन जग माहीं
जो नहि होई तात तुम्ह पाहीं,
राम काज लगि तब अवतारा!'
'सुनतहिं भयउ पर्व...ता...का....रा!'
हनुमान में

इच्छाबल साकार हुआ था;
जिसकी भी वे इच्छा करते
हो सकते थे, कर सकते थे,
ओर किसी में शक्ति नहीं थी
उनको रोके।
अब उनकी इच्छा उनके प्रभु की इच्छा थी—
सदा, सब जगह और सभी के हित की इच्छा—
उनकी शक्ति नियोजित थी अब राम-काज में;
निखिल शक्ति ले,
उनसे कुछ भी ऐसा होना शक्य नहीं था
राम-काज से बँधा न हो जो,
राम-कृपा से सधा न जो हो।
अपने युग में
छलना-मोहित

इच्छा-बल का दुरुपयोग
हमने कम देखा?
काश उसे संयत कर सकती
सत्य-स्वरूपा
रामेच्छा की लक्ष्मण-रेखा।

हनुमान ने सीता माँ को
अपना रूप विराट दिखाया,
लंकेश्वर का बाग उजाड़ा,
रावण-सुत अक्षय समेत
          बहु राक्षस मारे,
छोड़ विभीषण का घर सारी लंका दाही,
स्वामी के संकेत सभी के हेतु मिले थे,
          हनुमान ने केवल सेवक-रीति निबाही,
          कण भर अपनी कीर्ति न चाही।
धन्यवाद जब दिया राम ने,
व्याकुल होकर,
चरण पकड़कर,
बोले केवल,
          'हे प्रभु त्राहि...इ! हे प्रभु पाहि...ई!!'
अपने युग में
अहं जगा, फूला, फैला
हमने कम देखा?
काश उसे संयत कर सकती
हनुमान के आत्मदमन की
लक्ष्मण रेखा।

सेतुबन्ध में
रावण-रण में,
रहे सजग वे पूर्ण रीति से

प्रभु निमित्त बन;
अपने से पूर्णतः अलग वे।

अपने युग में
अपने गुण का ढोल पीटने,
स्वार्थ संजोने वालों को
हमने कम देखा?
काश कि उनको संयत रखती
हनुमान के आत्म-त्याग की,
उदाहरण की, लक्ष्मण रेखा!

शक्ति लगी लक्ष्मण को
सीतापति घबराए,
एक रात में हनुमान
द्रोणाचल को जड़ से उखाड़कर
उत्तर से दक्षिण को लाए।
जागे लक्ष्मण,
सोया रावण,
निर्भय होकर
हर्षे सुरगण।
सर्व लोक हित
जीवनदानी
जयदानी औ’ अभयप्रदानी
उसे समझकर,
संजीवनी का पर्वत तब से
एक हाथ पर नित्य उठाए,
उसे सन्तुलित किए गदा से—
गलित, गतायुष, गतिरोधी, गर्हित, गर्वी पर
घन प्रहारिणी, प्राणहारिणी, त्राणकारिणी—
जिससे खल-दल कभी नहीं हैं बचने पाए!

दो चट्टानें

क्षरण-प्रस्फुरण पर समत्व स्वामित्व प्राप्त कर
वेद मन्त्र ही मूर्तिमान ज्यों—
ओ३म् या आत्मदा बलदा
यस्य विश्व उपासते प्रशिषं यस्य देवाः
यस्यच्छायाऽमृतं यस्य मृत्युः
कस्मै देवाय हविषा विधेम?
किसे हविष्य समर्पित करते?
जोकि आत्मदा,
जो बलदा है
सारा विश्व
उपासक जिसका,
सारे देव
प्रशंसक जिसके,
अमृत-मृत्यु दोनों
जिसकी छाया में पलते,
उसे हविष्य समर्पित करते।

कस्मै देवाय हविषा विधेम?
यही देव है
जिसे हमारा
श्रद्धाविष्य-समर्पित हो अब
इसी देव को नमन करो सब,
वहन करेगा यही तुम्हारे, मेरे, युग का
योग-क्षेम।
कस्मै देवाय हविषा विधेम?

बच्चन की रचनाएँ

1. टूटी-छूटी कड़ियाँ (निबन्ध), 1973
2. जाल समेटा, 1973
3. प्रवास की डायरी, 1971
4. क्या भूलूं क्या याद करूँ (आत्मकथा-1), 1969
5. नीड़ का निर्माण फिर (आत्मकथा-2), 1970
6. बसेरे से दूर (आत्मकथा-3), 1977
7. कटती प्रतिमाओं की आवाज़, 1969
8. उभरते प्रतिमानों के रूप, 1968
9. बहुत दिन बीते, 1967
10. दो चट्टानें, 1965
11. चार खेमे चौंसठ खूँटे, 1962
12. त्रिभंगिमा, 1961
13. बुद्ध और नाचघर, 1958
14. आरती ओर अँगारे, 1958
15. धार के इधर-उधर, 1957
16. प्रणय-पत्रिका, 1955
17. मिलन यामिनी, 1950
18. खादी के फूल, 1948
19. सूत की माला, 1948
20. बंगाल का काल, 1946
21. हलाहल, 1946
22. सतरंगिनी, 1945

23. आकुल अन्तर, 1943

24. एकांत संगीत, 1939

25. निशा निमन्त्रण, 1938

26. मधुकलश, 1937

27. मधुबाला, 1936

28. मधुशाला, 1935

29. तेरा हार, (प्रारम्भिक रचनाओं में सम्मिलित), 1932

30. प्रारम्भिक रचनाएँ—पहला भाग (कविताएँ), 1943

31. प्रारम्भिक रचनाएँ—दूसरा भाग (कविताएँ), 1943

32. प्रारम्भिक रचनाएँ—तीसरा भाग (कहानियाँ), 1946

33. नए-पुराने झरोखे (निबन्ध-संग्रह), 1962

34. कवियों में सौम्य संत (पंत काव्य-समीक्षा), 1960

35. किंग लियर (अनुवाद), 1972

36. हैमलेट (अनुवाद), 1969

37. ओथेलो (अनुवाद), 1959

38. मैकबेथ (अनुवाद), 1957

39. मरकत द्वीप का स्वर (ईट्स की कविताओं का अनुवाद), 1965

40. चौंसठ रूसी कविताएँ (अनुवाद), 1964

41. भाषा अपनी भाव पराए(अनूदित कविताएँ), 1970

42. जन गीता (अनुवाद), 1958

43. नागर गीता (अनुवाद), 1966

44. खैयाम की मधुशाला (अनुवाद), 1935

45. उमर खैयाम की रूबाइयाँ (अनुवाद), 1959

46. नेहरू : राजनीतिक जीवन-चरित्र (अनुवाद), 1961

47. अभिनव सोपान (संकलन), 1964

48. सोपान (संकलन), 1953

49. आधुनिक कवि (संकलन), 1961

50. बच्चन के लोकप्रिय गीत (संकलन), 1967

51. आज के लोकप्रिय हिन्दी कवि : बच्चन (संकलन : चन्द्रगुप्त विद्यालंकार द्वारा सम्पादित), 1960

52. कवि श्री : बच्चन (संकलन : डॉ. दुर्गाप्रसाद झाला द्वारा सम्पादित), 1969

53. बच्चन जी के साथ क्षण भर (संचयन), 1934

54. मेरी कविताई की आधी सदी, (1981)

55. सोऽहं हंस (संकलन, हंस प्रतीक की कविताओं का), 1981

56. बच्चन : पत्रों में (सम्पादक : डॉ. जीवन प्रकाश जोशी), 1970

57. बच्चन के पत्र : (सम्पादक : निरंकार देव सेवक), 1972

58. आज के लोकप्रिय हिन्दी कवि : सुमित्रानन्दन पंत (संकलन : बच्चन द्वारा सम्पादित), 1960

59. पंत के सौ पत्र (बच्चन-सम्पादित), 1970

60. पंत के दो सौ पत्र (बच्चन-सम्पादित), 1971

61. डब्ल्यू. वी. ईट्स एण्ड ओकल्टिज्म (अँग्रेजी शोध-प्रबन्ध), 1965

बच्चन की रचनाओं के अनुवाद

1. 'कालेर कबले बांग्ला' (भूपेन्द्रनाथ दास द्वारा 'बंगाल का काल' का बांग्ला अनुवाद), 1948

2. 'द हाउस आफ वाइन' (मार्जरी बोल्टन और राम स्वरूप व्यास द्वारा 'मघुशाला' का अँग्रेजी अनुवाद), 1950

3. लिरिका (आर. वरान्निकोवा द्वारा सम्पादित बच्चन की संकलित कविताओं का रूसी अनुवाद), 1965

4. बंगालचा काल (अविनाश जोशी द्वारा 'बंगाल का काल' का मराठी अनुवाद), 1973

5. कोलेस्नीत्सा सोन्त्सा (सूर्य का रथ—चुनी हुई परवर्ती कविताओं का रूसी अनुवाद) अनुवादक—एस. सेवेरत्सेव; भूमिका—लेखक डॉ. चेलीशेव, 1973

6. 'मधुशाला' (विनयकुमार चौकसे द्वारा 'मधुशाला' का मराठी अनुवाद), 1979

   'मधुशाला' के दो और मराठी, तथा बांग्ला, मलयालम अनुवाद भी प्रकाशित हो चुके हैं। रचनाओं के साथ प्रथम प्रकाशन तिथि का संकेत है।

बच्चन रचित बाल-साहित्य

1. जनमदिन की भेंट, 1978 2. नीली चिड़िया, 1978 3. बंदरबांट, 1980

❏ ❏ ❏

  दो चट्टानें